皇の時代　I

宇宙プログラムの変更 1994.8.8

『コ』の宇宙の変化と皇の時代

人も動物も穏やかに暮らせる世界を目指して

【共生】

はじめに

　　Facebook 及び YouTube の皆様いつも応援ありがとうございます。今回は、『宇宙のプログラムが変更したとはなんなの？』という疑問を中心に、皇の時代と祖の時代を解き明かしていきます。

　　この理論を作り上げた研究家について。
あなたの住む地球という世界がどんな宇宙にあり、
どんな仕組みで、あなたの生活に影響しているのかを解き明かしたのは、故小笠原慎吾さんです。小笠原慎吾さんが解き明かした宇宙の中から今回は、宇宙プログラムの変化と時代の変化を中心に話していきましょう。※『コ』いう宇宙の解説は、『天縄文理論』・小山内洋子著に詳しく書いてあります。

　　この本を書いていると、突然睡魔に襲われます。
いや、さぼっているわけではないですよ…
睡眠中に皇の時代や宇宙とかの単語だけでなく、びっしりと目の前が字で埋め尽くされる夢を見ます。白板に字が並んでいるのです。たぶん何度も睡眠学習をさせられました。

　　この本が読みづらい人は、持っているだけで良いです。
読まなくても皇のエネルギーを出しているので、持ち歩いてください。会社に置きっぱなしにすればこの空間が浄化されます。この方法で自分の環境を、住みやすい空間に変えていってください。

　　この本の目標はこちらです。

・皇の時代が始まる仕組みの解説
・皆さんが今の苦しみから解放される事
・魂の成長方法が、樂しさから学べるようになる事
・簡単で理解しやすい事
あなたが変わる事が世界も救えるのですから。
一緒に楽に樂しく成長しましょう！

－ ちょっとハルナの能力から －
　相手が、「何を考えているのか」という感情・思考が、映像・色・重さ・塊で感じる事ができます。これは以前から当たり前にわかるのです。これを使ってこの本を手に取ってくれた方へのお礼に《あなたの悩みを１問だけ透視します》
　「 では、イエス or ノーで答えられる質問を、この瞬間に１つだけ考えてください。いいですか？ １回だけですよ。」
　では、あなたの疑問の答えを下のほうに書いておきます。

あなた / 「え？　今教えろ？」
ハルナ / 「だって文脈から答えが見えたら意味ないでしょ？」

　目次の最後に書いておきますね。
　さあ、あなたの幸せプロジェクト＆一緒に世界も幸せにしちゃおうチャレンジ、ここからスタートです。
　問いかけ方式をとっていますので、なるべく「 あなた 」と話しかけています。ご了承ください。

≪目次≫

第三部　祖の時代

　　　　今まで生きてきた時代を知ろう

第一部
宇宙プログラムが変化した

『コ』という宇宙の中にある世界

1 宇宙の形と周期

　現在、2020年8月下旬。7京年の11段階目の終了から、早26年が経過していて、変化は確実に起こっています。

　この宇宙を箇条書きにしましょう。

・『コ』という大宇宙がある

・この中に太陽のような存在『 亍由光線』を出す太陽がある

・ここを公転周期7京年の『 惑宇宙』が7つ、公転している

・亍由光線の近くから第三番目の惑宇宙があなたの住む地球

・惑宇宙の自転周期は、5000年だ。

ここを図解します。

　≪図1　『コ』という大宇宙≫

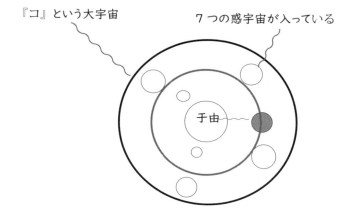

『コ』という大宇宙　　　　　　　7つの惑宇宙が入っている

亍由

　≪図１　『コ』という大宇宙≫を見てください。私達は、『コ』という宇宙の中に存在しています。この宇宙の中心にある「于由光線を発する太陽の様なもの」の周りを７京年周期で公転してます。

　◑太陽の周りをぐるぐる回ることを公転と言います。

　◑１京年は１兆万年です。

　そして私達がすっぽり入っている惑宇宙は5000年周期で自転しています。

　◑惑宇宙自身がぐるぐる回ることを自転と言います。

・于由光線の当たる2500年間を『ヒルの時代』
・于由光線の当たらない2500年間を『ヨルの時代』
と呼びます。

　さて、宇宙の解説からしましょう。大宇宙『コ』の中に、７つの宇宙(惑宇宙)が公転しています。『ワ』は、１つの枠宇宙になっていて、私達の住む『ワ』という宇宙は、于由に近い所から３番目に位置します。

　自転速度は、秒速30万kmで、自転周期は、5000年、公転周期は７京年(１京年は、１兆万年)です。

　この公転周期は、1994.8.7年で11段階目が終わり現在12段階目が始まったところです。『11段階目が終わった』というのは『７京年という公転周期が1994年８月７日に終わた』ということです。1994年８月８から12段階目に入りました。

11

この 12 段階目というのは、とても大きな変化です。11 段階目までは、『原因』を作るプログラムで動いていました。ここは数の解説で詳しく説明します。『11 から 12 段階目に入った』とは、宇宙の変化が起きたということで、とてもはっきりとした違いがあります。というのも、11 段階目という数字までは、『ワワヨ』という宇宙でした。12 段階目に入り『ワワコ』という一段階上の宇宙になりました。この二つは宇宙の知量と知質が違うのです。

ワワヨは、宇宙の知量がプラス 10% と知質がマイナス 20% でした。これがワワコという宇宙では、知量がプラス 40%、知質がマイナス 10% になります。この変化こそが今回の宇宙プログラムの変化です。1994 年 8 月 8 日から変化が始まり、ワワコの本格的な変化は 2023 年（今から三年後）からとなり、全てがレベルアップをすることになります

≪図 2　ワワヨとワワコの違いから≫を見てください。この図の通り、2023 年にワワヨという宇宙が、ワワコという宇宙に変わります。この変化は、レベルがマイナス 1
であったワワヨが、2 ランク上がってプラス 1 の世界に変わることを示しています。この変化はあと三年です。この三年間はあっという間に過ぎていきますから、準備を整えて新しい宇宙を体験しましょう。

この二つは、真逆の宇宙であることに気づきましたか。
ワワヨとワワコでは、マイナスからプラスへの転換となり、あなたの感じる感覚が逆転していきます。ワという惑宇宙のヨという私達の惑星が、コという惑宇宙に進可したという意味です。ワワヨからワワコへ進化したという状態がこれから来る 2023 年です。

≪図2　ワワヨとワワコの違い≫

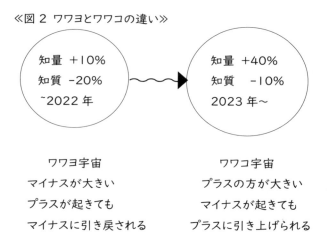

	ワワヨ宇宙	ワワコ宇宙

ワワヨ宇宙　　　　　　　　ワワコ宇宙

マイナスが大きい　　　　　プラスの方が大きい

プラスが起きても　　　　　マイナスが起きても

マイナスに引き戻される　　プラスに引き上げられる

・知質　不要な情報を脳に入れること

・知量　楽しく学ぶこと

　≪図2　ワワヨとワワコの違い≫を見てください。このマイナスに引き戻されるという意味は、何かいい事や学びがあっても嫌な事が二つやってきてゼロになり、更にランクを落としていくという祖の時代のことです。皇の時代では、一つ嫌な事があり2ランクが落ちても引き上げられ、プラスのおまけもついてきます。ここでいう知質マイナスとは、不必要な知識・情報を脳に入れるということで、ワワヨでは不要な知識を入れても知量と知質を足してマイナスなので祖のルールに沿っており、問題はありません。

　ワワコは知質が-20%から-10%へ転換します。この転換により、いっそう一生のうちで使わない不要な情報を自分の脳に

入れると異常が起こり、病気になります。逆に知量は、樂しい事をすると増えるので、遊びながら学ぶとどんどん身についていきます。樂しみながら学ぶ時代へ進みます。

　そもそも皇の時代に不要な情報を頭にいれようとしても入りません。覚えられず苦しむだけです。ですから 2023 年になるともっとこの傾向は強くなります。この現象は、学校・会社・家庭、ありとあらゆるところで起こります。同じ教育をしても簡単に理解する人と、何度言っても理解できない人に分かれます。かといって頭が悪いのではなく、覚えられない人には、不必要な情報だからです。

　ここで考えられるのは、学校社会では不登校が増えたり成績の良いものと悪いものの落差が出たりという現象です。会社では、いるべき場所にいくために覚えられない職場は短期退職者が増加します。家庭ではお互いの意思疎通が難しくなりいっそうの個別化が進むでしょう。家族は各自が各部屋でアパートの様に暮らすような形態に変わります。これは全て宇宙の成長が関わっています。

2　宇宙の成長

　11 段階目までの宇宙は『有の世界』で、12 段階目の世界は『無の世界』です。宇宙は今までの成長を終わらせ目に見えるものを消し始め、更に縮み始めます。このあと、13 段階目の世界は『神様の世界』で、この段階になると宇宙は縮小し、破戒しチリに戻り終わるのです。そして、14 段階目に消滅という

過程を通ります。全てがム（無）に還ります。

　『１段階目から１４段階目の宇宙が一つのサイクルとして存在し、１２段階目から分裂が始まる。』天縄文理論にはこのように書いています。これは、数字のもつ意味と符合するので数の意味にて詳細をあげます。

3　人間の成長

　宇宙の成長の１段階目は、７京年の公転周期の中で行われます。これは、私達のいる宇宙のプログラムのお話です。あなたに関係があるのは、惑宇宙のワワヨからワワコに上がったことで起こる変化です。つまり人間が神様（人間がなれるのは神、神ではない）の仕事をするようになるという変化です。

　祖の時代の人間は、神様の奴隷でした。奴隷とは、自分たちに自由はなく、指示通りに動く立場を言います。これからは、ロボットが人間に変わり、この立場を担います。今回の変化で人間は神様の役割をするようになります。（神様の上の位の方が神様なので、人間は尊神という一番上の神様にまでなれるのです）

　そして、人間がしていた過酷な労働は、ロボットがするようになります。お金を稼ぐことも労働も、徐々にAIやロボットに移行し、人間は働かず好きなことをして過ごすようになります。ここで大切なのが、魂の記録、魂職です。遊んで暮らす事は理想ですが、日々遊びばかりでは飽きてきます。魂職のように夢中になり、人の役に立つような仕事こそ毎日繰り返しても終わることのない喜びを生み出すのです。人は魂職を通して成長し、次のステップへと進

みます。(魂職は一貫して皇の時代で樂しく生きる柱となります。)

4 二神の神様

　私達の住む『コ』という宇宙のプログラムが変更した理由は
いくつかあります。このひとつに于由光線が私達の住む宇宙に当
たり始め、5000 年を 1 日とする神様が交代なされたからです。
5000 年を司る神様は二神存在し、ヒルの神様かヨルの神様の
どちらか一方が起きて活動されます。
　ヒルの神様は、起きて『 ヒルの時代』で活動されます。
現在は活動中で、どんどん社会変革を起こしています。
　ヨルの神様は、眠って休憩期間に入られました。ヨルの神様
の使者たちも全て眠りにつきました。
　ではここで神様について縄文時代 (皇の時代) と彌生時代 (祖
の時代) に分けてみましょう。

・ヒルの神様→現在起きて活動中
縄文神→秸の時代・皇の時代を司る

・ヨルの神様→役目を終えて休憩期間・休眠中
彌生神→祖の時代・蓻の時代を司る
　【縄文神】
・ヒルの時代を司る神様 (2500 年間)
・心を専門に成長させる役割
・ヨルの時代は寝ている (2500 年間)

・地縄文時代 (秸の時代) と天縄文時代 (皇の時代) の
　各 2500 年間を管理する
・縄文人が生まれてきて、女性中心の時代を司る
・楽で樂しいことから魂は学ぶ
　【彌生神】
・ヨルの時代を司る神様 (2500 年間)
・物専門に成長させる役割
・ヒルの時代は寝ている (2500 年間)
・地彌生時代 (祖の時代) と天彌生時代 (藝の時代) の
　各 2500 年間を管理する
・彌生人が生まれてきて、男性中心の時代を司る
・苦しみから学び喜びを知る

　この二神の神様によって 1 万年間で私たちは成長していくの
です。そして、1 万年周期で人類は、水洗いにより地上にある
全てが入れ替わります。現地球人は、46 回目となり私達は 46
代目地球人です。46 代目地球人の変遷をあげましょう。この変
化を知ると、なぜ祖の時代では苦しく、皇の時代では樂しいの
かということがわかります。

　精神という漢字について。縄文時代は、心が成長する時代で
すので精神という漢字を精心と表現します。それに対して 彌生
時代は、神様が人心をコントロールしていた時代なので精神と書
きます。各々の時代ごとに漢字が違いますが、意味もふくめて使っ
ています。

　私達が経験している祖の時代と皇の時代の移行期を説明する
前に、1 万年間の時代の変化をお話しする必要があります。こ

17

の１万年は、2500年ごとに縄文人と彌生人が交互に魂を成長させるプログラムに沿って生まれてきます。時代ごとに縛りがあり、このプログラムの特徴は決まっています。

　まず、45代目彌生人が大水洗いでこの世を去りました。１万年のプログラムを終えると必ず全ての文明を一度壊します。大水洗いと呼ばれる数十メートルの津波が世界を襲い、過去の文明は消えるのです。天変地異や自然変化が同時に起き、高次物質文明を築いた蔽の時代の世界は、一変します。後に生まれたのが、秸の時代の縄文人です。この秸の時代は2500年がたち、次の彌生人が暮らす祖の時代へと移行しました。そして、今私たちは、この祖の時代から縄文人が暮らす皇の時代へ移行途中にあります。最後の2500年は、彌生人が暮らす蔽の時代です。この蔽の時代が終わるとまた大水洗いにより時代が47代目縄文人へと移ります。

5　46代目地球人の変化

　46代目地球人の4つの時代を比較します。
縄文人　−秸(けつ)の時代−
・精心を司る神様・縄文神の時代
・地縄文時代
・低次精心文明
・ヒルの時代
・樂しく生きる
・女性の時代

・2500年間
・自由
・閃きにより感じる
・于由光線が当たり心を成長させる
・大地の恵みが多く、豊富に食べ物があった
・于由光線により、エネルギーは使っても減ることがない
・出力を大切にする
・物は、使うことで増える

秸の時代　まとめ

　于由光線が当たり始め、45代目地球人の水洗い後、文明はほとんど消え去り新たな時代へと移りました。争いはなく、役割分担がされていて、働くのではなく自分の役割を果たせば自由に恋愛もできる時代で、大地の恵みは尽きることなく次々実りました。女性の決定権が強く、心を成長させる時代で、物は使うほど入る出力経済でした。

彌生人 − 祖(そ)の時代 −

・物を司る神様・彌生神の時代
・地彌生時代
・低次物質文明
・ヨルの時代
・苦労して生きる
・男性の時代
・2500年間

・不自由

・頭を使って考える

・于由光線が当たらず苦労から物を成長させる

・大地の恵みがなく、奪い合っていた

・于由光線はなく、エネルギーは使えば減る

・入力を大切にする

・お金は、使うことで減る

祖の時代　まとめ

　　于由光線が届かなくなり、秸の時代にため込んだエネルギーで 2500 年間を生きる時代で、彌生人はエネルギーを出すと減るので蓄える事を学びました。この貯えの量により上下ができ、男性が奪い合いの主軸となりました。男性の決定権が強い時代です。より多くの苦しみを与えた人が権力と富を得ることができ、守護霊などの先祖が彌生人を操ってきました。家族は親類縁者を一人が養うような苦労が仕組まれ、一夫一婦制もこの時代に敷かれたルールの一つです。法律・規律・道徳などの厳しい制度が縛りを作り、苦しむ社会を作りあげたのです。

縄文人 － 皇 (おう) の時代 －

・精心を司る神様・縄文神の時代

・天縄文時代

・高次精心文明

・樂に生きる

・閃きにより感性を使う

・女性の時代
・2500年間
・自由
・于由光線が当たり心を成長させる
・天の恵みが多く、空中のエネルギーを使う
・于由光線により、エネルギーは使っても減ることがない
・出力を大切にする
・お金は、使うことで増える

皇の時代 まとめ

　天縄文時代は、地縄文時代と変わり大地の恵みではなく天の恵みを加工して文明を築くのです。彌生時代のご先祖様は全て眠られ、魂の記憶である魂己がよみがえり、各自の能力により発展する時代です。出力経済で、使うほど入ってきます。女性が政権をにぎり、穏やかな争いのない時代です。自由の名のもと他人に干渉せず、各自の能力を閃きにより高めていきます。

彌生人 ‒ 藝 (げい) の時代 ‒

・物を司る神様・彌生神の時代
・天彌生時代
・高次物質文明
・ヨルの時代
・喜びを作る
・頭を使って造る
・男性の時代

・2500 年間
・不自由
・于由光線が当たらず皇の時代のエネルギーを消費する
・皇の時代の天からの恵みを使う
・于由光線はなく、エネルギーは使えば減る
・入力を大切にする
・お金は、使うことで減る

藝の時代　まとめ

　　天彌生時代は、物の時代の完成です。この 2500 年になって初めて人は『物を壊して組み立てる』ことから造ることへ進化します。皇の時代にため込んだエネルギーと文明を使い造る喜びを完成させる時代です。男性が権力を得て皇の時代に完成した天からの技術を駆使して、物造りを通して成長していきます。

秸と皇の魂　祖と藝の魂

　　祖の時代と皇の時代は、後半で解説していきます。ここで疑問を感じました。祖の時代は苦しめるほど地位も高くお金も集まりました。すなわちほとんどの人が苦しむ事しかない時代です。そして祖の時代に生まれる人は祖の苦しみの時代を何億回も経験し、魂を成長させていきます。現在生きている人の中にも祖の魂を持った人はたくさんいますから。　絶対に皇の時代の方がいいと思います。楽だし樂しいし。

　　しかしここであることに気づきました。魂にも 2 種類あることに。つまり秸の時代から皇の時代を行き来する魂は楽と樂しいを

学び続ける魂です。祖の時代と藝の時代を行き来する魂は苦しみと喜びを繰り返し学ぶ魂です。つまり苦しみというどん底から造る喜びという最高峰を得る落差を樂しむことができる魂なのだと感じたのです。確かにこの二つがワンセットであれば苦しみに耐え、喜びの時代を謳歌するという素晴らしい成長があるのでしょう。これが4時代の特徴です。

では、数の意味を知ることで、もっと深くあなたが進む宇宙の方向を探りましょう。

− コラム −

あなたの魂がとても強いなら

祖の時代に生きて藝の時代に生まれ変わる喜びを
選ぶでしょう。
どんなに苦しくとも、はるかにしのぐ喜びを
手に入れることが可能ですから。

しかし、あなたの魂が苦しみに耐えかねてもがき
死を望むなら、あなたは皇の魂を持った皇の人です。

やっと皇の時代に入り苦しい事を拒絶する許しが
降りてきました。
私も皇の人間ですから、祖の時代の苦しさは
想像を絶するものでした。

魂の種類が違う人とはもう生きていけません。

あなたに合うあなたと共に生きる人を捜してください。

~~~~♡~~~~♡~~~~♡~~~~♡~~~~♡~~~~

6 数の意味

　宇宙のプログラムを解説する前に、数字の意味について説明します。天縄文理論には多くの数字の意味が書かれていますが、今回はここからシステムに使われる数字の意味を解説します。

　数は、１から13まであります。今回は、預言書や宗教書にでてくる数字を取り上げてみます。というのも数字のもつ意味は、立場によりガラリと変わります。例えば、時間軸に使う数と、横軸（空間）に使う数では意味が変わります。天縄文理論には、宇宙を構成している材料、無大宇宙の二次元原因としての働き・各種プログラムなどに全て数字が入っていて、意味も書いてあります。しかし、ここでは、数の意味３種類あるうちの３(宗教などでも使われるため)から解説いたします。

０から13までの数の意味

　物とは象・形あるものすべての『もの』をいい『こと』とはすべての働きのことを言います。事・物と書くと限定されてしまうので、『かな』表示にしています。

・**もの**　　象・形・型のすべて

・**こと**　　すべての働き

〈0〉　ム

　これは、『何もない』けど『全てある』と言う意味です。
世の中の１番最初はゼロからスタートします。
　ゼロという意味は、ここから全てが生まれるという意味でもあります。ここにはあなたに必要なすべてが詰まっていて、ここから必要なものを取り出していきます。
　もし誰かがここから取り出す場面に遭うなら、まさに四次元の世界からあなたに必要なものが飛び出てくるように見えるのかもしれません。

〈1〉　初め
　『宇』と読み、無限次元のタテのことをさします。
『すべてのタテ』と『タテのすべて』→プラスのタテのこと
『全部のタテ』と『タテの全部』→マイナスのタテのこと
　これがすべて入っているのが宇です。

　宇宙は、タテから始まったことを意味します。
タテのすべてがプラスで、タテの全部がマイナスです。すべてとは積み上げる・現れるという有を指し、全部とは、引かれる・失うと解釈することができるのです。この〈1〉という数字は、自分を指す意味でもあります。ただし、〈1〉では成長も発展もしない、あくまで自分とその他を分けるためにある数字です。2や3を知ると〈1〉の意味が解ります。

〈2〉〈1〉と〈1〉が出会って〈2〉になります。

　この〈2〉という数字は、〈1〉が二つ合わさった状態です。または、〈1〉が二つに分裂する意味もあります。

　〈1〉がすべてのタテと全部のタテという風に＋と－を持ち合わせるように、〈2〉は分裂という－と合体という＋を持ちます。
すなわち、世の中のすべてのものことは、＋と－の対で出来ています。陰と陽、有と無、表と裏、男と女、善と悪、左右、前後、上下などです。身の回りにはたくさんあります。

　この〈2〉という対は、自分とその他という対でもあります。そして、陰と陽のように物事全てに正反対の何かがあるという解釈でもあります。

　〈2〉が分裂を意味するというのは、『分列して新たな世界が出現する』という意味です。つまりゼロと〈1〉だけでは世界は変わりません。〈2〉に変化して初めて変わるのです。

　〈3〉　＋と〈0〉と－

　好き・嫌い・好きでも嫌いでもない、善と悪とその他、陽と陰と中などのものことは、三つによって成り立っています。＋と－、2つのエネルギーが、ちょうどバランスがとれた時、ゼロとなるのです。三要素が揃うと初めて周り始めます。

　この〈3〉であなたの身に起こる事を説明しましょう。例えば、あなたは技術を持っていますが、お金は持っていません。技術はプラスですがお金はマイナスです。そこにBさんが登場し、お金はあるが技術がないと話し合いました。ここであなたの技術を提

供してお金を得ることになり、Bさんもあなたも、互いのマイナスとプラスがちょうど等しくなり契約へと進みます。ちなみに、契約は〈4〉という数字の中にあります。ここでゼロというエネルギーからプラスとマイナスを補い発展させるものが生まれます。つまり生命エネルギという生み出すものが必要となるのです。

　この関係は、お金をBさんがあまり払わなかったらあなたが不利になり、バランスが整わないので破棄となります。あくまで互いのバランスが整った場合にのみゼロが必要となるのです。整わなければ回転は始まりません。

　〈4〉どんな『もの』『こと』でも条件や枠の中で働く意味
　理屈の中においての『働く』です。働くと言うことは、働く内容、つまり「こんなことですよ」という働くための条件設定が必要です。ここでは『目的の決定』の意思です。
　〈3〉という数字で出来上がったものを実際の枠を作り、動かす準備に入るための段階で、法律もここに入ります。
　例えば、絶対的自由が皇の時代のルールですので、この枠の中での自由ですから、ここを超えた自由はありません。きちんと細部にわたり決めることも大切です。

　〈5〉　働くと言う意思。行動の材料
　ここから実際に行動が始まります。〈4〉の枠決めの後、行動の材料や環境整備が必要となり、最後の準備段階が〈5〉という数字です。

〈6〉状態。本当に働く

　〈5〉までが準備段階でした。〈6〉に入り働き始めるのです。ここまでは、変更できる意味があります。しかし、次の7からは働きだして回転しますので変更はできません。つまり自由に変更できるのは6段階目までを言います。〈7〉へ進めば止めることができなくなります。

　このものごとは必ず〈1〉から〈13〉までの段階をひとつずつ進みます。ですから「こんな事になるなんて」と後悔する前にダメだと思った事は、ここの6段階目で止める事が大切です。

　〈7〉 状個、働き出したら止まらない

　〈6〉と〈7〉では同じ状でも動くことと、動き出し止まらないという違いがあります。これはとても大切なことで、この〈7〉に進んでしまったら『自分の意志では止められない』という状態に進みます。〈7〉に「進んでよいのか？いけないのか」は必ず6の段階で判断しましょう。

　例えば、中身のよく分からない契約事や仕事をキャンセルできるのは6の段階までで、7の段階に入り「こんなはずではなかった」と嘆いても後の祭りです。

　〈8〉働いている最中という意味

　実際に、働いている状態です。この時『対』でないと働けないようにできています。ここに一人では何もできないという意味が

含まれます。対とは何でもよいのです。それこそ現代であればスマホやパソコンが対になります。人間界では、〈1〉から〈8〉までの最終結果を意味します。

〈9〉　その結果がなんであるかによって次の方向性が決まる

人間には〈1〉から〈9〉までの数字はコントロールすることができます。しかし、次の〈10〉から上は、神様がコントロールをします。結果が出ることで次の10〜12段階の新たな分裂が起こります。

〈10〉　一段目が終わる

〈10〉の〈0〉から始まる。ゼロ＝ムとなるのです。この〈1〉から〈10〉までの進化があって初めて答えが生まれるのです。全てはゼロから始まり、〈1〉という自分という数字を経て、〈2〉という対と出会い、〈3〉から〈9〉までを日々繰り返し答えが出ます。この答えにより新たなものが生まれるのです。

〈10〉の数字は、〈1〉と〈0〉です。これは〈1〉という始まりの数字と〈0〉という終わりの数字の組み合わせです。〈9〉までのサイクルで出た結果をもとに新たな〈1〉が生まれ、もともとあった〈1〉から〈9〉のサイクルは終わると解釈しましょう。〈10〉から上は人間がコントロールすることはできません。〈1〉から〈9〉の結果を次のステップに導くのは神様の役割です。

〈11〉の『10 の桁』をとり〈1〉の初めに戻る意味

　例えば、1 代目の父親が築き上げた〈1〉から〈9〉の結果を、次の 2 代目の子供が引き継いで新たに始めたとします。仕事をどう引き継ぐのか、更にはその子供が最後の〈9〉に来た時、うまくいくのか、いかないのかは子供の責任です。決して父親 1 代目の責任ではないのです。このように〈11〉の〈1〉は、始まりであり、〈10〉は『〈1〉から〈9〉までの結果』から始まる数字です。

　〈12〉結果
　〈12〉と言う数字が大変重要です。というのも、〈1〉から〈11〉は原因を作るためにありました。12 段階目で初めて結果となり次の 13 段階目で終わっていきます。この 12 段階目こそループする世界の最終結果であり、あらたな宇宙創成のスタートであり新たな原因なのです。
　〈11〉という数字は『固定されない』『変化しない』という意味になり、結果が出て初めて固定されるのです。〈12〉という数字は、固定された結果が『永遠に回り続けるもの』という意味です。
　ここでやっと全ての結果が出そろいました。〈10〉の分裂とはまた違うレベルの分裂が起こります。破戒へ向かうための分裂です。〈11〉が固定されずに変化しないという意味の数字であれば、私達がいた 1994 年 8 月 7 日までの 11 段階目の世界は、変化もなく淡々と成長するためのプログラムにより動いていました。

12 段階目の宇宙に入り、私達は新たな『回り続ける』という段階へ入ったのです。どんな変化をもたらすのでしょうか。

〈13〉　永久

　神様の世界にのみ使われる数字で、『永久』という意味になります。私たち人間の世界では〈0〉から〈9〉までを使います。キリスト教で〈13〉を嫌うのは、〈13〉が永遠に続くという意味を持つからです。つまり、〈12〉の段階で良い結果が出た場合は問題がありません。しかし、悪い結果が出た場合は、永遠に続くことになるからこの数字を嫌うとされています。

　数字の意味がわかると、いろいろな預言者や宗教書にも書かれていることが、全て理解できます。自分のこだわりのある数字を見てください。今まで理由は謎でも使っていた数字に、この意味をはめ込んでください。
謎が解けるかもしれません。

　以下は、全体を簡略化してみました。
〈0〉　　ム。すべてあると同時にすべてない。
〈1〉　　すべてのタテ・全部のタテ。タテのプラスとマイナス。
〈2〉　　〈1〉が分かれて対となる。陰と陽・善と悪・左右・上下
〈3〉　　+と〈0〉と−で中間。
〈4〉　　枠の中の条件を設定する・働くための条件作り。
〈5〉　　働く材料。
〈6〉　　実際に働く。行動する。ここまでは変更できる

〈7〉　動き出したら止まらない。ここからは変更できない。
〈8〉　対となって働く。進行形。自分一人では働けない。
〈9〉　答え、最終結果。〈1〉から〈9〉までの結果。固定されない。
〈10〉１段階目の終了で分かれる。〈10〉→〈0〉に分裂する。
〈11〉〈11〉までは、原因。〈10〉が過ぎ、初めの〈1〉となる数字。
〈12〉結果が固定される。永久に周り続け、物質に使う
〈13〉神様の世界でのみ使われる数字。永久という意味。

　例えば〈12〉１2時という時計は永遠に時が回り続けるので一二進法です。〈8〉は無限大ともいわれますが、対となって止まらない数字なので、〇が2つ対になっているのでしょうか。〇がふたつつながって横にすると無限大になるとは意味があります。〈8〉は対となり動き、〈7〉から動き出したら止まらないという意味があるので〈8〉は無限に動くのです。〈8〉だけでは終わることなく、〈12〉〈13〉〈14〉がきて終わりを向かえます。こう考えると、終わりがないとてうのは怖いですね。

7　繰り返される傷の記憶（アカシックレコード）

　ここから宇宙のプログラムについて仕組みを述べていきます。特に、嫌な事は繰り返されるという部分を解き明かします。ここを改善するだけであなたの心の傷は限りなく軽くなっていきますので大切な部分です。
　すでに数の意味についてお話しました。『〈1〉から〈9〉までに『ものやこと』が進むと〈10〉になり〈11〉で原因が終わり〈12〉

になって分裂すると同時に、結果となる』意味を説明しました。
このプログラム通りに全ては動いています。つまり、私達の成長
プログラムは、同じような出来事を繰り返し学びながら、同じよう
な出来事をループし続けます。

≪図3 心の傷はここで繰り返される≫

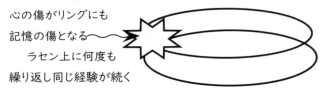

心の傷がリングにも
記憶の傷となる
　　ラセン上に何度も
繰り返し同じ経験が続く

　≪図3 心の傷はここで繰り返される≫を見てください。この繰
り返し学び続けるプログラムが、ある一定の周期を持ち、何度
もループしながら苦しみの記憶を再生するということが解っていま
す。このプログラムが実はトラウマや苦しみを繰り返している元凶
です。リング状の記憶媒体（CDのようなもの、またはアカシック
レコード）があります。一周すると、らせん状に一段階上がる仕
組みになっています。この仕組みは、延々と繰り返し続け、あな
たの記憶を何度も再生するというプログラムになっています。もち
ろん、嫌なことだけでなく良いことも繰り返しますが、人は良いこ
とは当たり前なこととして受け止めます。ですから同じことが繰り
返されても同じであるという記憶は残りません。

　≪シミュレーション①≫
嫌な事が起こる→同じことが起こると以前の記憶が蘇る

→また傷となって記憶に残る

→同じことが起こる

→更に深い傷となって残る

→傷が増えると起こる回数が増えていく

　ここからは、祖の時代に起きたこと、皇の時代にはどう改善されるのか？　という両方を比較します。

　≪シミュレーション②≫

　朝起きて朝食を食べ、家から出て仕事に行く。たったこれだけの間に、トラブルが起きたら何個トラブルを想像できるでしょうか。個人的に経験したことをあげてみます。これが皇の時代にどう変わるのかも併記します。

朝起きた時のトラブル

・時計が止まっていて、寝坊する

・体調が悪く、起きる事ができない

・朝起きて体中があちこち痛くてつらい。

・窓が開いていて雨が吹き込みびしょ濡れだった

・ペットの粗相を片す

・寝返りをうって体を痛める

・ベッドから降りた拍子に足を捻挫する

・洗濯物をほすのを忘れていた

・虫・コウモリ・鳥などの侵入者に遭遇

・トイレの紙がない

・肌荒れ

・二度寝してしまう

・携帯がサイレントモードで、アラームがならない

皇の時代の変化

　朝のルーティーンですが、朝から急いで行動するのは厳禁です。なぜなら、皇の時代はゆっくりと目覚め、体を十分休めて健康的に起きることができるからです。もちろん、ペットも朝からバタバタすることはなく、変な侵入者（虫・鳥）もなく、アラームの5分前には目が覚め、全ては問題が起こる前に気づきます。寝返りは骨格調整の役割があり、ゴロゴロ回転するほど脳にも骨にも良好です。

朝食のトラブル

・キッチンが汚い

・朝ごはんに食べるものがない

・食欲がない

・寝ぼけて砂糖やコーヒーをまき散らす

・パンをこがす

・ご飯を炊き忘れる

皇の時代の変化

　食事はとても大切なので、自立の一歩として次の日の朝食は必ず用意をしてから寝ましょう。用意をしておけば一切のトラブルはありません。床から出て、30分以内の食事が大切です。

家からでる前のトラブル

・鍵を忘れる

・スマホを忘れる

・大事な書類を机の上に置き忘れる

35

- やることを思い出して焦る
- 必要な物を探す
- トイレに行きたくなる
- お腹が痛くなる
- 定期券を忘れる
- ペットに引き留められる
- 服が洗濯していない
- ゴミの日にゴミをだしていない
- 電話が来る
- 雨が降り出す
- スマホの充電がない
- 返信すべきラインが大量にあった

皇の時代の変化

　皇の時代は考えることが NG です。いかに考えずに日々を過ごせるか？ ここを仕組化することが大切です。鍵・定期券・スマホ・次の日にもっていくものは全て場所を決めて置きましょう。

家を出て仕事場につくまで

- 渋滞
- 何度も信号待ち
- 電車・バスの遅延
- 忘れ物、落とし物
- 通勤が長い
- 嫌な人に会う
- 暑い・寒い・雨が強い

皇の時代の変化

　皇の時代の魂職に出会うと引っ越しして通勤時間が減ります。引っ越しによってほとんどの不快は消えていきます。もちろん問題が起きる前に気づくのでチャージも帰りにしますので、焦る事は終わります。

　ありえないようで、まだまだありそうな嫌な事の連続です。ちなみに全て現実にありました。そして、一度ではなく繰り返しています。朝おきて、窓が開いていて布団がずぶぬれで、という記憶は過去に4回ほど繰り返し、私はこの雨のルーティーンのスタートがなんなのか？知りたいところです。

　なぜこのシミュレーションをしたかと言いますと、皇の時代では全てがゆっくりと余裕で行われるので、上記のようなことはありません。なくなっていくという事を理解すると、トラウマと向き合う力が湧いてきます。こういうルーティーンは、行動の傷として繰り返されると解説しました。次は、これらの修正方法を説明しましょう。修正ができれば、このルーティーンは終わります。リングの傷が浅くなって終わるからです。

8　行動の記憶は修正できる

　今回の宇宙のプログラムの変化は、

① 　7京年周期の宇宙の変化

② 　1万年周期の地球上の変化

　この二つが重なったことによる大変化であることを説明してきま

37

した。更に、人に起こるプログラムについてシュミレーションしながらこのプログラムは傷として嫌な記憶が残り、このプログラムは延々と修正されなければ繰り返されるというお話もしました。これらが結び付き理解するのは大変な事です。しかし、何かが起きて変化が始まっていることはわかります。ここを理解してプログラムの修正法を獲得しましょう。人のプログラムは書き換えが可能ですから。

≪図4 心の傷は繰り返されるが修正のチャンスがある≫

ここの傷で「よかった」
と修正すると嫌な事は終わる
脳を安心させることが大切

傷は修復の機会

　≪図4 心の傷は繰り返されるが修正のチャンスがある≫を見てください。前回の心の傷は修正されることなく、延々と続いていました。しかし、「気づいてよかった！」と心から喜べたら、「脳も傷もこの出来事はたいしたことのない内容だ」と解釈して再生を終わらせるのです。
　ただし、祖のエネルギーが体内に大量に残っている場合は絶対によかったなどとは思えません。思う事が敗北だと感じる場合、この魂は祖の時代の魂なので救うことは難しいです。このケースは傷があるために苦しみを何度も繰り返します。そして傷が深くなるほどリングは薄くなります。最後はリングが薄い人ほど早めにあの世へ還る結果となります。祖の魂は祖の時代に、皇の魂は皇の時代に、移行期の魂は今生まれて、去っていくのです。

「よかった」で終われないときは

「あー、この体験で終わる。終わっていくのだ」というしっかりとした意思表示を脳に訴えましょう。もう「この記憶は必要がない」ことを理解させることで繰り返されることは終わるのです。プログラムはあくまで成長のために存在しています。悪夢やトラウマが成長のためのプログラムなのは、祖の時代の社会のルールで決まっていたからです。これからの皇の時代は、このような苦しみを成長の糧にするプログラムとは違います。早く終わらせて次のステップに進みましょう。

どうしてもトラウマや虐待の恐怖から解放されないときは、専門家の力を借りましょう。友人や家族、ネットの情報は、決して正しいものではありません。皇の時代はプロフェッショナルに託すということもテーマの一つです。自分一人で抱えずに頼りましょう。

– コラム –

– 変わるためには –

「人は変わらないものだ」

と、沢山の人が私に言いました。

「変わるとは?」何でしょうか?

・変わって欲しいと願うのは相手のためなら「変わる事で苦しみから解放される」という願いがあるのでしょうか。
・変わって欲しいと願うことが自分のためなら「自分に都合の良

い人になって欲しい」と感じているからでしょう。

　人は変わりません。絶対に変わりません。

　なぜなら、「変わる」という概念が間違っているからです。

　経験を積んで次のステップに変化するという意味の変わることはあります。

　しかし、この性格や価値観が変わるのは『価値観が増えて選択肢が変化した』という意味ですから。

　『Aという人がある日突然Bにはなりません。』

　ならないです！変わると思うのは幻想ですからね。

　ということは？

　変わることはあるのです。価値観が変化すれば変わるのです。ここ、「価値観が変化する」ためには多くの経験したことのない新たな経験が過去の経験を上回ったときに初めて起こります。

　日々、同じことを繰り返しては変わりませんよ。

　人を変えたいのなら新たな経験を一緒に積み上げる作業が必要です。さらに、この経験は本人の望む経験である必要があります。興味ない経験を増やしても変化は起きませんから。
あくまで提案した内容が相手の興味を引く場合です。

　いいですか？　ここ大切です。

　ですから、結婚や恋愛では変わりません。

　あくまで変わるのは、新しい経験が過去の経験を上回ったとき
です。

　この前提を間違えて《 メンヘラ族 》とくっついてお互いが負の
オーラに取り込まれては意味がありません。これは諦めてご退去
願うケースです。

　なぜだめなのでしょうか。
　皇の時代は、縛りが禁止だからです。
　相手を縛る行為は相手の絶対的自由を奪いますから　やって
はいけない行為の一つです。
　自立、こちらもできてない人を変えるのは難しいです。あなた
がいなくなったら即座に生きていくことに苦戦するような関係は築
くことはできませんから。

　人は変わります。しかしある一定の条件下で変わるのです。こ
れ以外のケースでは、変わることはありませんから。抱えることは
厳禁ですので、お気をつけくださいませ。

哀しい心は雨を呼びます
心落ち着けるように過ごしましょう
【 絶対的自由 】

第二部　皇の時代

皇の時代の始まりと移行期

1 皇の時代が始まり変化した事

皇の時代は、西暦 2014 年（平成 26 年）から始まりました。この 5 年前の 2009 年（平成 21 年）から壬由（ウユウ）光線が太陽系に届き始め、日が昇るように徐々にあなたの体に変化をもたらし、現在に至っています。この壬由光線は心を成長させる目に見えない光線です。これが当たる『ヒルの時代』は心が成長し、見えないものが見えるようになる時代です。実際に、龍や天使の羽、精霊たちの形をした雲、そしてUFOが目撃されています。今まで虚像の世界とされていた想像物が目の前に姿を現しています。

『ヨルの時代』は、壬由光線が当たらず心が成長する代わりに物質文明が成長します。見えるものは見えますが、見えないものは見えない時代でした。だから他人の言うことを信じず、疑心暗鬼になることもあったのです。

壬由光線は、私達の心を成長させる光線です。ヨルの時代は、この壬由光線が当たらないので、心が成長せず、ご先祖様や神様の言いなりで動いていました。更に、ひとりずつ鬼が監視していて、私達の能力とは関係のない力によって苦労を強いられてきました。これも神様の力により、物質文明を成長させるために善なるルールでしたので、ヨルの時代の苦労は必要でした。苦しく自殺しないようなルールを作り、お金という少しの報酬で生活を縛り、一夫一婦制で家族という縛りを作り、祖の苦しみに耐えられる環境を作り、私たちはこの世界を発展させたのです。

2　皇の時代はピンピンコロリ

　しかし、祖の時代が終わり、皇の時代への転換期には干由光線が当たり始め、いろいろな方法で干由光線に耐えられる体へと自然が変化をさせてきました。この一環が菌やウィルスによる遺伝子や細胞の変化です。この干由光線が変えたもので、あなたが一番実感するものは肌です。ご自分の肌を見てください。50代・60代の方であれば特に実感できると思います。ご自身のお母様やお父様の手は、働き者の手と呼ばれるしわくちゃで浅黒く、肌のキメの荒い肌でした。しかし、今の50代・60代の方は、少しはしわがありますが、昔の方とは比べ物にならないほどキレイな手をしています。周りの人を見てください。

≪図5　寿命までの年齢曲線≫

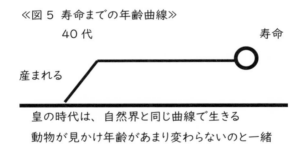

皇の時代は、自然界と同じ曲線で生きる
動物が見かけ年齢があまり変わらないのと一緒

　最近の研究は老化を遅らせるというより代謝を若い時に戻すという方向性で作られています。これが進むと細胞培養により再生させる方向へ、手ごろな値段で購入可能になります。実際にやけどで自分の肌を80%失ってしまった「女の子の皮膚から培養

した皮膚組織をスプレーして、肌の再生に成功」をした事例があり、セレブの再生化粧品に応用されています。また、指を切断し「細胞外マトリックス」で再生した情報も出てきました。こちらは年齢も若返るので驚きです。 この様な変化を、自然は徐々に繰り返してきました。

　これらの事から、見かけ年齢が徐々に若くなっている事に気づきます。≪図5 寿命までの年齢曲線≫を見てください。これは皇の時代になると、40代からの見かけ年齢が止まり、年をとってもあまり老けていかないために起こった変化です。これは、宇宙のルールが働きだし、自然界の力が働くことになり、人間も自然の一部として働き始めた事によります。動物を見てください。ネコやイヌでさえ、3～4年したら見かけの年齢は止まっています。老衰の直前まで年齢はそれほど変わりません。この法則が人間にも働きだしたので、死を迎える直前まで元気ではつらつと生きられる時代へと変わります。まさにここ何年も提唱されているピンピンコロリは皇の時代の生き方でもあります。

　大宇宙は、目には見えない部分で人も動物も植物も全ての細胞や遺伝情報を変えるようにプログラムを作り、あなたの移行期に備えています。皇の時代へ向かう100年も前から少しずつウィルスを使い思考を変化させてきました。だから数十年に一度パンデミックが起こってきたのです。しかし、私達は見える部分しか理解しようとしないのでほとんどは判らないでしょう。残念な事ですが、これも祖のルールなので仕方がないです。

3　祖から皇への移行期は 500 年間

　皇の時代が始まったといっても、樂しい世界へすぐ変化するのではありません。徐々に祖の時代のルールを壊し、皇の時代へ移行していきます。

　ゆっくり 500 年間をかけて変化を繰り返します。つまり二つの時代の変化期こそ【今】あなたたちが生きている移行期なのです。この移行期はなんと、500 年間も続きます。

　今、「がっかり」した人いますよね。

　私も、この 500 年と聞いてのけぞってがっかりしました。

　もう、「だまされた」と叫びましたから。

　ワイオ理論に出会い「皇の時代にもうすぐ入るよ。樂しさから学ぶ時代に転換するよ。今の苦しみは終わりになるよ」

　こう説明があり、日々楽しみに暮らしてきました。苦しい事にも耐えてきました。なのに「移行期が 500 年です。」という言葉は、私に絶望さえ感じさせました。あなたも思いませんか？

　ただ、「この絶望は、【祖】の思考である事」に私は気付きませんでした。なぜなら、移行期が 500 年間続くと聞いたのは、祖の時代だったからです。祖の時代に感じる事は、絶望や苦しみの感情をかきたてるものばかりですから。当たり前なのです。

　しかしちょっと考えてください。昨日まで祖の時代のルールで苦労を強いてきた社会が、明日から変わるはずもなく混乱だけが起きてしまいます。その証拠に、コロナでテレワークになっただけで「離婚だ」「解雇だ」「自粛だ」と大変な騒ぎになっていますから。500 年間も移行期は続きますが、あなたは今まで祖の

時代に生きていました。だから皇の時代の変化は 6 年経っただけで『劇的な変化』を起こしています。ですから、大丈夫です。祖の時代のルールは世界中を覆っていますので、この全てを変えるのに、500 年かかるだけです。あなたの価値意識や生活様式は、なんと後 3 年もしたらガラリと変わります。

　宇宙のレベルが＋1 へ（ワワコのレベル）引きあがるのが 3 年後とお話ししましたから。図まで作って！

　ここで、祖の時代から皇の時代に入る瞬間の変化を世界と日本の 10 大ニュースから抜粋してみます。

4　皇への移行期　世界の 10 大ニュース調べ

　祖の時代最後の年、2008 年世界の 10 大ニュース
・株価暴落（皇では株など下がる）・東証
・バブル後最安値
・四川地震・岩手・宮城内陸地震
・自動車メーカー業績悪化（自動車は祖の代表）
・後期高齢者医療制度スタート
　ここで祖のエネルギーは終わりを向かえます。
　株の暴落により資産を失い地震などの災害が皇の時代へ移行するためにどんどん活発になります。
　後期高齢者医療制度スタートにより今後の長寿社会の到来を示しています。自動車産業は祖の象徴なので今後、つらい時代へ入ります。
2009 年

于由光線が太陽系に当たり始めます。

　皇の時代が始まった瞬間です。

・新型インフルエンザ WHO パンデミック宣言

・民主党圧勝・裁判員裁判始まる（市民からの改革）

・世界同時不況電気・自動車巨額赤字

・事業仕分けによる隠れた事業の撤廃・戦争の泥沼化

・八ツ場ダム工事見直し（ダムは祖の代表事業・自然破壊）

・デフレ宣言・アメリカ大手自動車メーカー経営破綻

2010 年

・インフルエンザ流行（皇の時代へ向けて改革）

・ハイチ大地震 25 万死者

・ウィキリークス公電暴露（ヒルの時代に秘密が明るみに）

2011 年

・東日本大震災・東京電力福島第一原発メルトダウン

・原発停止相次ぐ・ドイツ、イタリアで脱原発

・歴史的円高 I ドル＝ 75 円 32 銭・反格差デモ

・欧州債務危機・ギリシャ債務

・アラブの春・テロ首謀者殺害

・タイで大洪水自動車工場水没被害

2012 年

・原発一時稼働ゼロ（原発ゼロは自然界の意志）

・世界のトップ交代

2013 年

・伊豆大島土石流・フィリピン台風

・元 CIA 職員暴露（ヒルの時代に秘密が明るみにでる）

・中国で MP2.5 深刻化（地球環境の変革が働く）

2014 年

・噴火・土砂災害（自然の力が働きだし改革が起こる）

・エボラ出血熱拡大（食欲減退等）

・円安 1 ドル＝ 121 円台へ

・マララさんノーベル平和賞（女性の時代スタート）

　ここから一気に皇の女性の時代が始まります。祖の時代でし
たらマララさんは殺されていたでしょう。しかし、彼女は皇の魂を
持つ女性です。使命を持った女性は守られていきます。

昨今の世界情勢の変化

　皇に入って 6 年がたち祖のルールで作られたものが壊れてい
きます。

・イギリス EU 離脱

・日本令和へ移行

・中国香港対立

・日韓対立激化

・首里城消失

・コロナ禍

・オリンピック延期

・人種差別への運動激化

　日本国内と世界の 10 大ニュースから、関係のありそうな
トップ 10 を挙げてみました。皇のエネルギーが強くなるほど、隠
し事は、明るみに出ます。過去にされてきた汚職や犯罪が、表
沙汰になっています。

　また自然災害がもたらす『水洗い』も年々多くなってきました。
定期的に起こるパンデミックは人間の細胞や遺伝子に情報をもた
らす役割があり、世界規模で起こるようになります。ここは自然
界の浄化作用が働くので次章で解説いたします。

　そして、祖の代表である自動車産業・原子力発電は、皇の
于由光線が強くなるにつれ、厳しい状況になっていきました。祖
の時代では、汚職や談合は、毎日行われました。「建前と本音
は違う」この言葉は祖の時代の代名詞です。誰もがこれを当然
と思い「正直者が馬鹿を見る」と当たり前に言われました。祖
の時代が終わっていくと、こういう隠された事がどんどん浄化さ
れ、現れてきます。

　2014 年から本格的に始まった皇の時代では、宇宙のルール
が働きます。この宇宙のルールは、すでに始まっています。

5　祖の時代のものすべてがゴミでしかない

　祖のものは皇の時代に持ち込めない理由があります。これは
学び方が違う事と、何より神様が交代されたので全てを変えてく
るからです。

　皇の時代は『樂しむことから魂が学ぶ時代』です。それに対

し、祖の時代は『苦しみから魂が学ぶ時代』です。つまり苦しませる環境から樂しむことから学ぶ環境へと180度の転換をしなければなりません。苦しみから学ぶ魂に必要だった環境の全てを樂しさから学ぶ皇の環境へと変革するためです。これが天災、ルールの破壊、暴露などで起こります。つまり祖の時代の浄化・消化を自然は、世界規模でしていきます。これに合わせ、苦労するものは、全て土に還ります。破壊されていきます。残念ですが、手間のかかる全てが終わるのです。この一環で、自然災害や絶滅、パンデミックが起きています。

　厄介な人、困った人。迷惑をかける人、苦労する人、これは人だけでなく飼育の難しい生物、植物、建造物全てが消えていきます。世界遺産が火災で焼失するのもそうです。
これに変わり樂な管理、樂な飼育、樂な方法がどんどん発見されます。絶滅しない種は、樂に生きられる環境が発見されます。シンプルで樂なものしか残りません。

　例えば、淡水魚と海水魚を同時に飼育できる不思議な水が、日本の養殖にはすでに取り入れられています。つまり川の生物と海の生物を同じ水槽で飼育できるのです。楽ですよね。

　皇の時代に入っても、あなたは、祖の時代に蓄えた不要物が大量に張り付いています。それこそ、細胞や血液・体液や思考・記憶や習慣・レッテルや癖・愛情や束縛、価値観・常識など。もう全てがただのゴミでしかありません。祖の時代のものは全て自然が浄化・消化をするゴミと化してしまうのです。何一つ皇の時代には必要ではありません。全て捨てていかなければ皇の時

代の移行期に祖のルールで苦しむはめになるのですから。

　では、自然はどんな方法でこの浄化・消化をするのでしょうか。人間が、自分の考えで過去を否定し、苦しみから逃れようとしても、なかなか抜け出す事はできません。ですから、ウィルスや菌を使い、体の中から変化を起こしています。れにより、社会全体の習慣や思想が変わってきています。今回のコロナも全ての人の生活習慣から生き方を変えました。これが浄化です。

　以前はオーラという特殊な膜に覆われ、あなたたちが自由に生きる事を制御していた『神様・先亡縁・ご先祖様・鬼』などの皆様は、眠ってしまわれました。次の2500年間に活躍するためにお役目を終え、眠りについたのです。

　ですから、今まで身につけた技術や情報、知識や性格、生き方や生活習慣などすべてが入れ替わる準備に入りました。

　だから以前は樂しかったおしゃべりや飲み会が、面倒になりました。しゃべる習慣さえ終わっていくのです。

　家族、親族、友人、仲間、全ての人間関係で感じた愛情さえ愛についたゴミでしかないと天縄文研究家小山内洋子さんは話しています。

　『愛＋情＝愛についたゴミ』この表現に衝撃を受け、１カ月ほどゴミを連呼してしまった私です。確かに、他人に干渉し自分の思い通りに動かそうとする心はゴミでしかありません。そのつもりはなくても相手の成長を奪い、こちらの意見に従わないと家族や夫婦に亀裂が入るという関係はゴミでしかありません。ゴミをこ

53

こでも連呼していますがこのゴミを浄化するためにコロナ禍やテレワークが起こり、世界に変革がもたらされているのですから。しっかりこれを機に家族や友人たちに感じている愛情という情（ゴミ）を見つめ直し、心から追い出しましょう。これからの愛は「見守り」の愛となり陰ながら支える事が主流となります。

6　自然が溜まったゴミを全て浄化・消化する方法

　では、この浄化・消化の方法を4つに分けて説明します。人間の体内（精神・肉体）、生命・寿命、物質（お金・経済・建造物）に各々以下の方法で浄化・消化が進んでいます。
では、それぞれ分けて解説しましょう。
　精神的・肉体的ゴミを出す方法
　精神的・肉体的な浄化や消化を自然は、風を使ってします。特に多くの浄化が起きる時は、突風や暴風、果てにはハリケーンを使い、多くの人の中に張り付いた祖のゴミを引きはがすのです。この時に外へ出るゴミは、精神や肉体へ影響を与えてから出ていきます。迷惑ですが、最後まで祖の時代を主張したいのでしょうか。この時の出かたをあげます。

精神的ゴミを出す方法
不安・樂しくない・腹が立つ・気が落ち込む・やる気が出ない・悲しい・さみしい・孤独・自殺願望・虚しさなど
　心に出る症状は、一番気づいてもらえません。自分では理由がわからず他人を傷つけることもあります。これがまた自分に返っ

てきてループしてしまいます。精神的な浄化が出たら泣いて風に
あたってどんどん体外に出しましょう。

肉体的ゴミを出す方法

　不安・体のしんどさ・汗・涙・尿・大便・セキ・タン・鼻水・
湿疹・出血・熱・下痢・痛み・かゆみ・こり・吐き気・眠気・
寒気・思考が停止する・だるい・しんどいなど

　これらの症状があり、病院に行っても病名がわからない場合
は、浄化・消化により、祖のゴミが体外に出ているのです。こ
の現象は日々変わります。例えば昨日は何も感じず、気持ちよく
一日を過ごせたのに突然、今日は朝から機嫌がすぐれず、八つ
当たりをしてしまうというような心持です。どうしてこうなるかと言
いますと、機嫌がよく他人と関わりお節介をした可能性がありま
す。お節介をすると直ぐに嫌なことがやってきますから。

　ただし、病名もあり薬など効果のあるものは病気です。病気
を放置するのはお勧めしません。

生命的・寿命などのゴミを出す方法

　生命的・寿命のゴミは、雷で浄化します。生命的とは、神様・
祖先・先亡縁者・鬼・生き物のすべてが大地へ還り眠りにつき
ます。最近、フェイスブックなどで雷の動画や写真がアップして
いる人がいます。海の上に、すごい雷が落ちていますが、何もな
い海になぜ雷が落ちるのか、不思議です。雷によってどちらかの
神様がお眠りになられたのでしょうか。

寿命とは、命の長さです。短命な人は、このゴミが多すぎて悩みすぎて、運気があの世へ近づいてしまう場合です。【今】に集中する事で回避も可能ですが。本人の自覚なしには不可能です。

物質・経済・お金のゴミを出す方法

物質・経済・お金のゴミは雨で浄化します。雨男や雨女などと言われる人は、祖の時代のゴミが多く、お金に苦労している人も多いのでしょう。これを自然は浄化しようとしています。ですから今年のように、コロナ禍でお金・経済の不足が多い年は、雨が多く降ります。そして雨が降れば降るほど川の氾濫が起き、土砂災害が街中まで入り込み、多くの方へ影響が起こります。祖のゴミが多ければ多い地方ほどこの傾向が強くなります。

地球上の構造物・建造物のゴミを出す方法

地球上の構造物・建造物のゴミを出す方法は、破壊です。正直いって壊すしかゴミを出す方法はありません。

地震・津波・台風・暴風・大雪・土砂崩れ・山崩れ・雪崩・火災・天災です。これらの強弱で浄化します。

去年から自然火災が増えています。今年も、冬場に起こるでしょう。自然界を変えるために国立公園が被害にあったのかもしれません。土砂災害も例年より多いです。山の土砂災害は、住むべき場所を動物と人とで分けるためもあります。

これらの浄化は、全てが終わるまで大地を焼き尽くし、破壊しつくすまで自然は続けます。人間が手出しなどできない改革です

から。あなたも私も災害に備え、逃げるしか方法はありません。これからは、「今までは大丈夫だったのになぜ今回は巻き込まれたのか？」という天災が起きます。天災の来る地域からの撤退も検討して回避してください。つまり安全な地域への引っ越しです。次の《図6 浄化の方法》は、浄化の方法を示しています。自分を中心においてみると上下と前からエネルギーはやってきます。

・上から来るエネルギーは、風で浄化
・下から来るエネルギーは、雨で浄化
・前から来るエネルギーは、雷で浄化

　風・雨・雷にあう頻度で「今の自分はなんの浄化が必要か」が判りそうです。皇のルールで動き出すと雨は「うへいさん」と言う方がお金の雨を降らしてくれるので、浄化ではなく金運へと変わります。雨が降ることで実りを降らしてくれるのは素敵です。

《図6 浄化の方法》

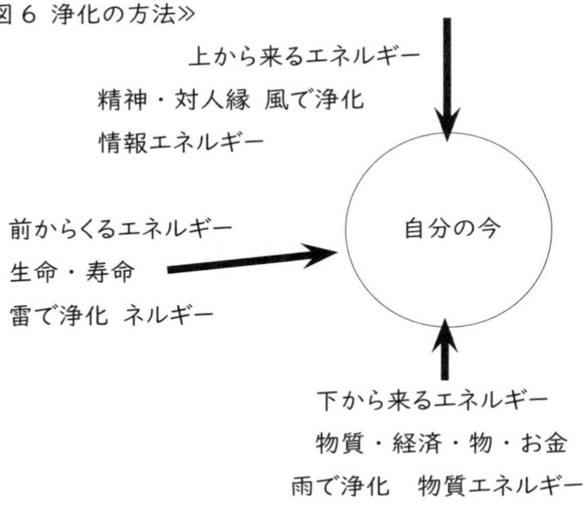

上から来るエネルギー
精神・対人縁 風で浄化
情報エネルギー

前からくるエネルギー
生命・寿命
雷で浄化 ネルギー

自分の今

下から来るエネルギー
物質・経済・物・お金
雨で浄化　物質エネルギー

57

7　絶滅種は消えゆくさだめ − 共生 −

　更にまだ浄化するものがあります。自然環境もがらりと変化しますので、神様から人類、動物、植物、魚類、微生物まで生き物のすべが交代します。皇の時代は共生がルールになります。しかし近年動物、植物の絶滅種が増加しています。人工的に保護しようと努力してもこの勢いは変わりません。なぜならこの現象は、宇宙のプログラムによる地球上の生き物のすべてが交代するために起こる変化だからです。つまり、環境には合わなくなるため、自然淘汰されるのです。

　昨今の動物たちの変化がこれを証明しています。数十年前は、動物たちが人間を警戒して近づかず、人を拒絶する傾向にありました。しかし、昨今は、助けようとする人間を信じる動物達が、野生でも出現しています。人に近付き共生しようとする生き物と、人を拒絶し、山や森で生活する生き物に分かれるのも皇の変化です。これらは人が選ぶのではなく、動物達自身が選んでいます。

　人間が友として共生できる種族は残り、離れる種族には干渉をせず見守る努力が必要になります。密漁や動物虐待は、徐々に減っていきます。例えば、森林地帯に不明なウィルスが発症し、密漁者が感染してしまうとか。動物虐待が深刻な地域は世界から批難を受けるとか。生活習慣の違いも、ネット社会により閉鎖された村や町の様子が全世界に配信されてしまいますから。これを見た多くの人や他国の情勢を知った子供世代から変革が始まります。動物たちの苦しみも祖のものですから、終わります。動物たちのお世話をする人たちに考えてほしいのは、すべての生物

が幸せに生きることは不可能ですから「楽に生きられる環境を作る方法」です。複雑であるほど絶滅が近くなります。答えはあなたの中にありますよ。

〜〜〜〜♡〜〜〜〜♡〜〜〜〜♡〜〜〜〜♡〜〜〜〜♡〜〜〜〜

- コラム -
動物たちは今の変化を感じています
動物たちは人間と違い皇の時代の変化を知っています
私達が気づくはるか前から知っています

だから都会でネズミやタヌキ、シカやカラスたちが
人と一緒に住み分けながら生きる道を選んでいるのです
私達が動物の変化に一喜一憂する姿を見て
不思議がっています

都会に住みわけで選んだ動物たちは人間も
他の動物もあまり襲いませんね

しかし、自然界に残り自分たちのコミュニティを選んだ
クマ、サルや蛇などは人を襲います
これはここは自分達のテリトリーだから
立ち去ってくださいというメッセージだからです
先祖代々の土地を離れることはつらいでしょう
祖の時代は苦しみから学ぶ時代でした
多くの思い出もあるでしょう

しかし、わかってください
動物たちはあなたを追い出そうとしているのではありません
危険なのです。その地域は自然災害がやってきて
あなたもあなたの大切な人やものたちが全て流され押しつぶされ
る可能性があるから警告に来ているのです

長い 2500 年間ともに土地を共有し
一緒に生きてきたあなたたちを大切に思うから
追い出す行動もあることを私は伝えたいのです

愛はときに裏切りを起こすこともあります
愛ゆえに見守ることもあります
正反対の行動があることはご存じですね
一人でも多くの人に彼らの心の声を伝えたいと
私は思っています。

8　これから起こる皇の変化

　皇の時代は生きとし生ける全員が幸せになる時代です。「 こん
なのは信じられない」という人に、 あなたが今生きている事がど
れほど幸せであるのかをお話ししましょう。
　今回の【皇の時代】の本の基本理念は、故小笠原慎吾さん
が紐解いた《ワイオ理論》から取り出して説明しています。 この
故小笠原慎吾さんが「 不幸はどこから来るのか」という疑問を

解明し、実は生まれつき不幸な人はいないのだという結論に達した時にお話ししていた事を抜粋しましょう。

－ ここから －
　　『運が悪い人などこの世に１人もいない』
人間は本来、不幸な人など１人もいないのだ。
つまり、どんな人でも生まれつき幸せであり、更に運が良い。
これが正常な姿なのだと。
－ ここまで －

　例えば、まず卵子が受精する仕組みを思い出してください。あなたがこの世に生まれるのに、どれだけ多くの卵子と精子が選抜から落ちたのかを。あなたが選ばれたのは何十億の中のたった一人だったのだ、という確率からしても「運がいいから今ここにいる」のです。更に、生まれた瞬間「死」が待っています。私は仮死状態で生まれました。お医者様が何度もおしりを叩き、逆さにしてやっと水を吐いて声を上げたと母が話していました。後に母から、神様に「この子に人を助ける運命があるなら、我が子を生かしてください。と祈ったのよ」と言われました。この事を考えても運命はあるのです。（いや、迷惑だなと思っていましたよ。実際に。辛いですから。人様の苦しみに触れるだけで、もちろん私だって心の全てが善人とはいきません）
　※教訓、他人の人生に口出しすると相手は苦労を背負います。
　生まれた後もまだ運の良さは続きます。じつは７歳までに本当にコロっと逝ってしまうのが昔は当たり前だったようです。祖母か

61

ら、七五三も七歳で生き残った子供だけお祝いができたので盛大に祝った、などと聞いています。

　この通過儀礼を終え、悲しい事件や自殺の多い時代です。青年期を無事に過ごし、今も生きていると言う事は、ひとつの奇跡ではないでしょうか。ですから、運が悪い人など本当はこの世に存在しないのです。

　「生きているだけで幸せである」ここを実感していただけましたか。では、なぜあなたは不幸を感じているのでしょうか。

　これは心の持ちようでもあなたが執着を捨てる事ができないわけでもありません。まして、宗教の勧誘のような前世、前前世で悪い行いをした業やカルマでもありません。祖の時代のプログラムだったからという単純な理由です。

　祖の時代の章で詳しく展開しますが、祖の時代は『苦しみから学ぶ』時代でしたので、樂しい事や良い事があると必ず嫌な事がセットでプログラムされています。何度も嫌な事が続くと人は幸せを感じる力が低下していきます。あなたは祖のプログラムによって不幸を体験してきたのです。

　では、これから皇のプログラムではどんな変化が起こるのでしょうか。これは『樂しいことから学ぶ』というプログラムに変化します。ここが違うので皇の時代は生まれたままの幸せを一生大切に育む事ができるのです。

　実際に起こる変化を皇のルールから説明していきます。代表的なものは幸せの三種の神器です。ここを理解できるとあなたの使命が解ります。生まれてきた意味は幸せになるためですから、三種の神器を実行しましょう。

9　皇の時代のルール　三種の神器から

　皇の時代で一番重要なルールがいくつかありますが、今回は三種の神器から説明しましょう。三種の神器とは、活動を始めた神様がお持ちになり、この世界全てのルール(思想)であり、中心の思想となっていきます。幸せの三原則とも言われ、この分野が突出して変化していきます。

　皇の時代の三種の神器は、祖の時代の三種の神器と対比するとわかりやすいです。
1　鏡→本　自立のための学習
2　玉→輪　宇宙のルール・法則・人生・グループ
3　剣→器　器具・機械・機器・天才ロボットの事
　これは、幸せの三原則と言われ、生活の必需品となります。

9-1　鏡→本　自立のための学習
　自立のために「必要な情報を独学しなさい」という意味です。他人に学ぶと、その人の道(他人の道・他人の考え)が入るため自分独自のものではなくなります。ゼロから他人に学ぶのは、だまされる可能性があり危険です。ある程度、独学で学びなさいと言われています。この方法を、こんな表現で教わりました。
　『1は聞いて 2.3 は自分で調べ、4.5 は他人に学び、6.7.8.9 は自分で切磋琢磨し 10 で独立すると』
　祖の人に学ぶと、本当の事は教えてくれません。そもそも、祖

の人はウソをついていて、その道をよく知らないかもしれませんから。(祖の人の事を表現すると「そ」という言葉を何度も繰り返してしまいます)

　余談ですが、情報商材をたくさん買いましたが、素人があなたより知っているからと高額で素人思考の商材を販売する事を推奨していました。プロとは相手より少しでも知っていればよいそうです。祖のエネルギーがまだ残っていますので、独学である程度情報を精査し、判断できる知恵を身に着けてから他人には学ぶのが【本】の意図するところです。

　独学とは、本を読みネットで調べる方法と、技術なら見て覚える事もできます。魂に刻まれた記憶と関係があります。

　知りたいことを他人に聞いてはいけない。独学で学び、だまされない程度の知識は必要である。他人の考えを自分にいれてはいけない。なぜなら、だまされるから。

9-2 玉→輪 宇宙のルール・法則・人生

　宇宙のルール、法則、人生、グループなどの意味です。

　皇の時代は宇宙のルールに沿って生きる事が、幸せになる方法です。絶対的自由があり一人でも反対をしたらグループでの活動は中止するという厳しいルールです。このため、グループはどんどん小集団化され、働き方改革でも20人でする会議は無駄だという事が発覚し、3人ほどで意見を出し合い良いものを作るという、新しい方法にコロナで転換しています。大集団で縛りのある無駄な行動はなくなっていきます。

　あなたは、自分の意見も人生も大切にされる小さな集団に属すようになります。また皇の時代が進めばこの小集団もなくなり、ミッションごとに違う人とグループを組むようになります。

　先ほど『絶対的自由』を述べました。これは自立と合わせて皇の時代の宇宙のルールの一つです。更にグループ内では『満場一致の法則』も働きます。この満場一致の法則は皇の時代ではどんどん厳しくなります。反対者が出ればこの案件はなくなります。もちろん個人間だけでなく、大きな国同士の締結も含まれます。離脱がこれからはどんどん増え、新しい組織に変わります。

　昨今の離脱騒ぎは、決して各国のわがままではなく、祖の時代に作られた軍事や金銭負担の組織は、終わりを向かえるための出来事です。新しく知恵と行動で改革を進める組織が発生してきます。世界の危機を救うのは、大国ではなく、技術や産業の復興と伝授によるものです。技術の習得により収入が上がり、国が栄えるという方向に進みます。

　徐々に集団で行動することが減り、ミッションごとの小集団が増えます。仲介業者ははいじょされ、目的と結果が直結するグループしか作れなくなっていきます。

9-3 剣→器　器具・機械・機器・天才ロボット

　器具・機械・機器・天才ロボットの事で、この技術が世界を救います。人ができない過酷な労働もロボットはなんなくこなします。一台のロボットが国を変える事もあります。

例えば養殖が、砂漠や極寒の陸地で行えたら、どんな国もこの収益で潤います。このための技術や管理を、遠く離れた日本で行う事ができるのです。

　植物も、植物工場は場所を選びません。更に、3人いれば広大な植物の収穫まで、24時間毎日する事ができる技術が、すでに出来上がっています。この工場と指導員を派遣できれば、食糧難の地域で新鮮な野菜が採れるのです。極寒や砂漠の世界でさえ、同じように収穫ができますから。

　この器という三種の神器は、最強です。世界に必要な水を浄化し、新鮮な野菜や魚を陸地で24時間栽培・養殖し、安価で多くの人が潤うシステムは、皇の時代の『幸せの三原則』のひとつです。

　もう少し、最近のAI事情を見てみましょう。AIコーヒーショップは、マスターの代わりにコーヒーをAIが淹れてくれるだけではなく、会話もお客の年齢に合わせてする事ができるそうです。カメラで相手をとらえて、年齢を割り出します。更に、数億記憶してある会話モードから選び、しゃれた会話をするそうです。

　AmazonのAI、アレクサも会話を楽しむようです。よく、YouTubeにアレクサが狂ったとあがっています。私の見た動画のアレクサは、ほとんど友人のようでした。

　AIでも洗濯物をたたんでくれる洗濯機を開発した社長が話していました。「洗濯物をたたむ時間を短縮すれば、人生で数万時間、他の家事に費やせるから」と開発を進めたそうです。この社長は洗濯機（185万）より時間を選ぶという皇のルールで

動いていました。

　身近なものでは、過酷な重労働をするガテン系の作業員の方が、背中を膨らませているのを見て『扇風機内蔵の洋服』という新しい発想に驚きました。更に、この業界では、重いものを持つときに体につけるだけで 100 キロでも軽く持ち上げられる道具を開発しています。過酷であれば自然界から知恵や資金という多くの手入れが入りますので、真っ先に改革が進みます。

　家事の分野を見てみると

・洗濯機と乾燥機がセットになり

・冷蔵庫の中身を AI が確認してメニューまで提案し

・掃除機は自動で部屋中を掃除し

・食器洗い機もキッチンに取り入れられ

・お風呂も自動でお湯はりもできます。

・ネットスーパーを利用すれば買い物も行く事はなく

・ペットは自動でエサも水も用意されています

・子供のベッドにカメラとマイクが用意され子守もします

　家事のメインは育児と食事作りとなります。

　AI に介護をさせたいと考えて、国はプロジェクトさえ立ち上げています。老後の介護の一端を『デジタルツイン』というプロジェクトで改善しようと計画しています。つまり仮想空間にもう一人の自分を誕生させ、管理や会話まで仮想の自分が管理をできるようにするそうです。私もこの本を書きながらもう一人の自分がいたらいいなと思いました。本を書きながら話し合い、楽に愉しく書けるのではないかと考えてしまいます。

この器はもうすでにあちこちに姿を現しています。

この幸せの三原則である三種の神器は素晴らしいですね。もう不幸は徐々に減っていくと確信します。書いているだけでワクワクし、実現してきたものもあり素晴らしい社会へと変化が始まっているのです。

10 自由・自立・自己責任

皇の時代のルールは、宇宙プログラムにより変更されました。祖の時代のルールが従う・他人のせい・全員同じであったことに対して『自由・自立・自己責任』になりました。皇の時代は原因論的思考へ転換したため、全ての原因は自分にあるという思考のもと、以下のルールが中心となります。
・絶対的自由
　　自分の行いは全て自分の選択によるものである
・自立
　　他人に依存せず生涯自立する
・自己責任
　　どんな結果も自分が選びだした結果である
　　地動説・原因は自分にある

自分の行動は、この三つから成り立っています。三種の神器は、神様が持ち込んだ新しいルールでした。幸せになるためにあなたを取り巻く環境が変わっていくというお話です。今回の自由・自立・自己責任はあなたが生きるためにすべきルールです。こちら

も幸せになるためのルールですが自分が選ぶ思考を取りあげています。ひとつでも欠けると幸せの自然軸からずれが起き、不幸を引き寄せます。三種の神器は社会全体が変化していく方向性なのに対して、この自由・自立・自己責任は、あなたが日々実行する課題・使命とも言えます。では、一つずつ事例を紹介しましょう。

11　絶対的自由

　自分の行いは全て自分の選択によるものである。この絶対的自由は、自分が選択できる自由を指しています。例え他人に強要されたものでも拒否をする権利があるという自由です。

　現在、多くの虐待や支配（ハラスメントなど）、差別の事例が世界的に吹き上がっています。これは絶対的自由というルールが始まり、多くの人が自分の束縛に対して目覚めてきたからです。

　祖の時代は、束縛の時代です。束縛して自由を奪い、発言さえ奪ってきました。これはヨルの時代を生きるためのルールでしたから当たり前に束縛できたのです。しかし、皇の時代ではもう束縛は禁止となります。次々に解放されていくでしょう。

親・親族からの解放

　家族の支配は終わりました。親や家長・夫が力を持つ時代が終わったため虐げられてきた女性・子供・妻は自由に発言や生きる権利が生まれています。ですから性虐待の実態・子供への肉体的暴力・育児放棄・言葉の暴力、老人への介護現場での暴力・罵声、夫からの暴力、義父母からの嫌がらせなど身内の

犯罪として法律さえ整備されてきました。

　自分が嫌だと思うのに続く行為は虐待です。拒否して相手から逃げましょう。逃げられない時は、公共機関へ相談しましょう。あまり続くといろいろなお知らせがきて、最後はあの世へ引っ張られます。

会社からの解放

　社畜という言葉さえあるほどブラック企業が横行し、実力のある人ほど嫉妬の対象となり嫌がらせから退社に追い込まれるという現実は、祖の時代のルールです。皇の時代は、自分の能力で起業し、プロジェクトごとに能力者が集まり会社という組織は崩壊します。コロナ禍のテレワーク、無駄な人員のリストラ、不要な部署・会社の規模の縮小など上層部も自由に会社を小さくしていきます。あなたが働く場所は、自分の意見がすぐに反映され、働くことでどんどん評価され楽しく元気になる環境です。嫌なことを押し付けられる場所からはどんどん退社して自分の能力を発揮しましょう。

学校からの解放

　現在テレワークが進む中、旧体制であたふたしているのが学校現場です。学校現場改革の最短距離は、この手の専門家と各学校の代表生徒が公開討論をすれば簡単に結論は出ます。国は予算を、現場は授業体制の変更を、企業は最適で最安のクラウド設備を提供すればよいのです。

　子供たちの7割は、学校の必要性に疑問を持っているとコロナ禍の最中、アンケートで答えていました。学校現場からいじめや勉学の強要がなくなり、学びたいものをどんどん学べる環境が

整えば皇の時代の変化が急速に進みます。

社会、しきたりからの解放

　お葬式やお墓の崩壊、結婚式の崩壊、社会のしきたりと言われるお中元・お歳暮・年賀状などの終了はどんどん進みます。そして、全ての人が対等になるという事は、先生・教祖・社長・会長などの役職で呼ばれる人は減っていきます。減るというのはいなくなるという意味です。役職がなくなるのではなく、〇〇さんと呼ばれるようになります。実際に先生と言われるより親しみを込めて呼ぶことが増えていきます。今は部長・先輩・お父さん・ママなど役職で呼び合う事が多いですが、これもなくなります。

≪図7　皇の時代は円形式の構造≫

自分の今に軸を合わせる皇の時代の思考

自分自立が全ての中心となる

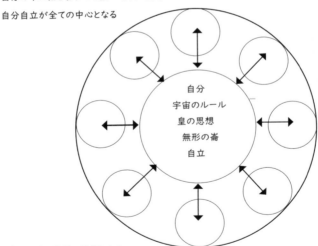

自分
宇宙のルール
皇の思想
無形の斎
自立

全ての人と円形の対等になる。

12　自立

　他人に依存せず生涯自立します。皇の時代は、『自立』するためのプログラムが、随所にあります。これは、一人で生き抜く力ではなく、一生生活に困る事のない生き方を言います。『魂職』という全ての人の魂が記憶している職業を思い出す事で自立は果たせます。この魂が記憶している職業は、全ての人の記憶に、封じられています。ですからまだ魂職についていない人の方が多いです。この魂職が働き始めるとお金に困る事はなく、自分の能力で生活する事ができます。このため、他人が口出しして自立を妨げる事はできません。

　特に問題なのは、親の家業を継がせようとしたり、やりたくない仕事を続けたり、障害や病気を理由にやりたい事を制限する事です。まだ移行期で祖の人はたくさんいます。あなたがしたい事を妨げる祖の人はうじゃうじゃいます。なるべく自分のしたい事やしている事は秘密にしておきましょう。淡々と一人ですれば早く独立できますから。

　今後の教育は、社会的自立者をいかにフォローするのかという視点からされていきます。『過去、学校社会で競争に敗北し、社会不適合者を量産した』という記事を読みました。これはあくまで祖の時代のルールです。学校の競争・学力至上主義・家族内の負担・社会断絶による苦悩、全てが祖の世の中のルールにより起きた苦労から学ぶ出来事です。

　皇の時代は能力により自立します。歌を歌えば幼児でさえ評価され舞台に立てる時代です。ルックスは関係なく心を見る時代

72

です。自分の得意な事を世界へアピールしましょう。

13　自己責任

「自分が選択したした結果である」皇の時代のルールは「地動説・原因は自分にある」です。そして皇の時代は、自己責任というルールがあります。祖の時代にご先祖や神様の指示で苦労をしていた時代は、全てが他人のせいでもよかったのです。自分が選択しているようで操られていましたから。

しかし、皇の時代は自分でなんでも選び、この結果を受け止め何よりここから学ぶというのがルールです。選んだものを他人のせいにはできません。

子供は7歳まではお母さんと一つであるため、お母さんの思考に属しています。しかし、子どもでも7歳を過ぎると自立に向かうのです。親がピアノやバレエ、サッカー、野球にそろばん、プールなどを習いなさいと言い、疲れ果てて学校の成績が上がらなくても仕方ありません。習い事が樂しくて、勉強をしなかったのだから、自分の責任です。親のせいではありません。

そして、親は子供の成績が悪いと嘆くのも間違いです。自分がした選択により子供の成績が上がらないと怒るケースが多いですが、したい勉強なら自分から「もっと学びたい」とネットや本を読んで学びます。強制的に塾などに入れても本人の興味がなければ身に付きません。

自己責任とは病気や事故も自分が選びつかみ取るという意味でもあります。現在は祖のルールで動いている祖の魂もたくさん

あります。病気にかかる事や事故にあうのは祖の苦しみのルールによるかもしれません。しかし、結果は皇のルールが働きます。病気の悪化や事故の結果が望まない結果であるなら再度自分の中で何かのせいにして怒りを他者に押し付けたのではないのかと感じてください。自分のせいだと責めるのではなく、自分のせいだからどうすればよかったのか？よいのだろうかと発想してください。病気は体内にある材料でつかんでしまうからかかると言われています。事故は、考え方がずれていますよというお知らせであると言われていますから。

14　世の中の構造は自分中心主義

　今まで祖の時代の権力は、上から下へ全てが流れるピラミッド型の世界でした。命令も中央集権で限られた情報が限られた人によって決まり、決まった事をあなたは当然の事として受け入れてきました。更にお金は、下から上に上がる傾向にあり、ない人からある人へどんどん吸い上げていました。しかし、皇の時代、縄文の特徴は、下に下げる傾向にあります。

　皇の時代の世の中の仕組みは、全て円形型、自己中心主義に変わります。《図９　皇の時代は円形式の構造》を見てください。中心には『自分』そのもの、あるいは皇の思想の第１にある『自立』を置きます。人間は赤ちゃんから大人まで、全ての人が同じレベルで偉い人は誰もいません。自分と他人という二種類の区別しかなくなるのです。ですから人種差別も性差別も、ましてジェンダーや貧困への差別もなくなります。裕福な人も貧困な人も全

てが他人という自分ではない括りになるからです。

　ここで、≪図9　皇の時代は円形式の構造≫の円形思考、縄文型について説明します。縄文型つまり円形の特徴は、中心に『無形の齋（ろん・天縄文理論にて解説あり）宇宙のルール、思想』を置いて円形をつくります。この中心が自分であり今この瞬間でもあります。この今から心が離れ、今とは関係ない事を考えるだけでも自然との軸がずれ、嫌な事が起こります。

　では、プロジェクトに至っては、自分と他人がどのようにグループを作るのでしょうか。これは、プロジェクト毎に自立した者同士が異種の能力で集まります。もちろん競争や比較が発生するから、自分と同じ能力の人は参加できません。ここでは、リーダーは存在しません。なぜなら、その道のプロが集まるのに、素人のリーダーがとやかく言うと、プロジェクトの質が下がるからです。全員がリーダーです。そして8が基本になります。9になったら、新しいグループを作ります。8人までの集団が、これからの最大です。8人でも多いです。3から4人の小集団でプロジェクトを小分けにし、いくつもの完成品を組み合わせるタイプのものが増えていきます。

　例えば、家を作るのに、工場内で組み立てハウスを作り、現地へ納品するという企業があります。あまり街中で見かける組み立て方法ではありませんが、この会社は素晴らしいです。働く人の環境、購入者の予算、建築耐久年数などいろいろな角度から考えてもポイントが高いです。天候に左右されない職場環境、ロボット化による時間短縮、大型車による納品、3日ほどで組み立て、耐震性もあり地震にも強い構造となっています。引っ越し

もトレーラーで運べる建造物ですから皇の家と言えますね。

　この傾向を具体的に言いますと、皇の時代は「自分に降りた閃きを大切にして、これに従えば楽にものやことが完成する仕組みである」という極めて樂しい世界なのです。

〜〜〜♡〜〜〜♡〜〜〜〜♡〜〜〜〜♡〜〜〜〜♡〜〜〜〜

　- コラム -

　タイミングが合わない場合は

　すれ違い、タイミングが合わず、お互いイライラする。

　この場合、この人とタイミングが合わないのか？

　この出来事とタイミングが合わないのか？

　場所とタイミングが合わないのか？

　時間とタイミングが合わないのか？

　ミッション自体がダメで合わないのか？

　「タイミングがあっていないのは何か?」という

　部分について考えましょう。

・出来事とタイミングが合わないのであれば、この出来事はいけませんというお知らせです。

・時間とタイミングが合わなければ時間をずらされます。

・ミッション自体がだめで合わないのなら再度「構成メンバーと適材適所であるのか」を見つめなおしましょう。

・出来事とタイミングが合わないのであれば、この出来事はいけませんというお知らせです。

・時間とタイミングが合わなければ時間をずらされます。

・ミッション自体がだめで合わないのなら再度「 構成メンバーと
適材適所であるのか」を見つめなおしましょう。

　　日に日に皇のエネルギーが強くなり
　　同じ波動でない人は弾かれます。
　　しがみつくと怖い結果になりますから
　　早めに選択を切り替えて次のステージに進みましょう。

追記
相手に自分の都合を合わせていると
縛りが発生するので
縛りが発生すると皇の神様は縁を壊します。
縛りを壊すのですが、こちらからしたら
縁を壊されたことになります。
ですから、自然とタイミングが合う
程度のお誘いは良いのです。
〇月〇日〇時に会いましょう。
この約束は、祖のルールです。
今、〇〇にいるけど、これから会える？
という、気楽な誘いでタイミングが合う人のみ
付き合えます。波動が合う＝タイミングが合う。
　　相手の時間を奪うからタイミングをずらす
　　ここを意識して短時間で済ませば
　　会える確率が上がりますよ。
〜〜〜〜♡〜〜〜〜♡〜〜〜〜♡〜〜〜〜♡〜〜〜〜♡〜〜〜〜

15　皇の生き方

　皇の時代の自然のルールは、自分中心で他人に干渉せず、社会的自立を目指し、全てが自己責任で行われることですが、この単元では、祖の生き方からどう変化していくのかをあげてみましょう。自己中心的・自立・共生・自由です。
　変化することは、以下のものです。次項からあげていきます。
・経済、仕事
・結婚、恋愛、家族
・環境
・人間関係
・思想・政治・国家
・健康・脳
・エネルギー
思い当たるものはありますか？　いろいろニュースにもなる内容です。全てがこれから変わっていきます。

16　経済・仕事

　今、一番の変化はコロナ禍による働き方改革です。皇の時代では、楽に樂しく働くことが前提となります。仕事がつらいのは、祖の時代の働き方です。皇の変化では特に『縮小』というエネルギーが働きだしているので、大きな企業から分裂が起こるでしょう。これは内部の各部署から始まります。

　会議の縮小、出張の見直し、フロアサイズの縮小、給料の減額（これも縮小）、部署人員の見直し、プロへの外注などが起こります。実際に、コロナ禍の影響で会社の縮小による移転が現在始まっています。皇の時代は 1/3 のルールがありサイズを 1/3 に変更すると利益が上がるとされています。不思議な事に現在、移転予定の企業の平均縮小サイズは 1/3 と記事に出ていました。

　この縮小傾向は、企業の業績悪化も理由ですが、なにより同じ仕事を大勢でするのは祖の時代の仕事だから変革が起きたのです。皇の時代はプロフェッショナルという天才が働く時代です。テレワークで会社勤めに向いていない人が自分の能力に気づき始めると、プロとして独立する傾向は強くなります。

　現在世界中で推奨されるテレワークは、会社に出社する負担を軽減するだけでなく、会社の経費も軽くなり、会社のニーズに合った人員を集める方法としても優秀です。今後はテレワーク就職というプロジェクトごとの採用も増えるでしょう。ネット環境も劇的に向上します。この流れが加速すると、テレワークを促進する方向に自然の保護が付きます。逆を返せば、テレワークを阻害する力には自然の妨害が起こりますので、社会の変化に異を唱えることさえ今後は危険な行為になります。

　ひとつにハッカー集団の情報漏洩問題がありますが、必要な祖の時代の暴露はよしとして、個人情報の悪用は確実に自然の妨害が入ります。密な部屋での作業は感染リスクが高く危険ですし。そして、強固なセキュリティも開発されていくでしょう。

　仕事とは、人の指示で難解な事を大勢で無駄な時間をかけて

する作業でした。祖の時代の仕事とは苦労を背負い、他人を苦しめるほど出世もできたと言われています。

　これに対して皇の時代は魂職が発動して人が動くという、働き方改革でもあげられた「働く」ことです。これからの仕事は減り、ライバルのいない働きがどんどん増えていきます。更に皇の時代が進むと景気、物価、税金などは全て最終的にはタダになるようです。即ち、全てが上から下へ水が流れるように自然界の法則が働き始めます。お金は、お金の多いところから少ないところへ配られます。法律も市民が、納得しなければ通りません。議会とは、別の場所で市民の発言が力を持ち始めます。

17　結婚・恋愛・家族

　結婚は苦労する相手を選んで結び付けたと祖の時代で言われました。相手が悪いのではなく、前世で仇同士をあえて結ばせたといいますから凄いです。確かに結婚相手と暮らす事で苦労が増えるなら多くの成長が見込めたのでしょう。しかし、これももう終わりました。皇の時代に出会い、結ばれたカップルは皇の関係です。癒される人、遊びの人、一緒に仕事をする人などの役割はありますが、一緒にいるだけで成長できる相手と出会っています。

　恋愛は、互いの波動が合わないとこれからは続きません。ですから波動の合わなくなった人とは喧嘩となりお互いの会話もかみ合わず、愛は終わるのです。終わっているにも関わらず愛情があると関係を継続するのは、逆に相手を縛る結果となり皇の

関係の絶対的自由を侵すことになりますので早めに別れましょう。新しい相手が待っています。この愛情の情とは、愛についたゴミでしかなく自分の執着が起こす勘違いとも言えますので危険です。特にこのゴミをたくさん抱えるのが家族です。

　家族の愛は情（ゴミ）もついているというのも、旧家族は互いに波動が合わない同士を家族にしているため、今の移行期でさえ互いに煩わしい関係に発展しているのです。決して性格の嫌な人ではないのに、家族として接すると互いに言い合いになるのはこのためです。皇の時代は、愛も変わります。愛は見守りの心で思いやりをもった忍耐（相手のことを想って口出しをしない事）です。

　親の義務も皇の時代は子供が７歳までとなるようです。子供が７歳を過ぎると自立となり、自分の考えで行動し親は子供が困ったときに助言する程度に変化します。現在生まれている子供たちは既に皇の魂の方なので、実際は今の大人よりも１-２億年も長く生きてきたようです。だから幼児でプロの感覚を持つ天才児がどんどん増えているのです。前世の記憶が残っているためです。

　これから出会う相手は、人とは限りません。まして恋愛相手が動物でも建物でも自然でも波動が合えばこれは恋愛といえます。以前エッフェル塔と結婚した女性がいました。彼女は素敵なドレスを着て毎月エッフェル塔に会いに行き写真をアップしています。人口の多すぎる現代では、恋愛対象が人である必要はなく、皇の時代はまさに自由恋愛が進みます。

18 環境

　近年続く自然災害は被害が大きく驚くものがあります。去年の
オーストラリア火災は、この典型で動物たちの9割が被害にあっ
たと聞き及びます。バッタの被害も深刻で、本来食料となる大量
のバッタが、死滅させるため使った農薬のために害にしかならず
とも聞きました。想像を絶する自然界の暴走は、人間に食い止
められる規模ではなく、今後も続きます。その際は避難するしか
方法はありません。

　祖の時代が終わり、皇の時代に入った現在、祖の時代に築
いた建築物を壊す必要があるようです。このため2500年ごと
に自然災害は甚大な被害をもたらす規模でやってきます。これは、
楽な環境に変わるための変化ですから災害の後の復旧では住み
やすさをメインに考えましょう。

　皇の時代は人間と動物たちとの共生も起こります。このための
変化が今、起こっています。人間を頼り生活するグループと、人
間から離れて暮らすグループに分かれていきます。都会で暮らす
動物が増えているのもこのためです。そこで自然界の環境変化
に適合しない種族は絶滅も免れないようです。どんなに生かそう
と飼育しても種が減っていく場合、絶滅へ向かうでしょう。逆に
これからはどんどん新種の発見も起こります。小学生が新種を発
見したり、テレビ番組の取材中に発見したりと一般人が新種を発
見するほど新しい種族が増えています。これも新しい環境に適合
する生物の変化です。

　オゾンホールや二酸化炭素問題は皇の時代に自然界が修復を図ります。この過程で人間の数が減るような自然変動は起こります。自然が動く時、人は非力です。復旧は皆で協力しあいましょう。協力の輪がまた互いの信頼を深め出会いが新たな人生を生み出す結果となりますので。

19　人間関係

　皇の時代のルールに『絶対的自由』を守るというものがあります。人間関係で一番大切なのはここです。他人に干渉し意見が合わないのに一緒に行動するのは相手の自由を奪う行為になります。もちろん、家族・子供も対象になります。皇の時代の自分中心主義は、あくまで自分の心を大切にして育てるところが重要です。決して他人を自分の都合で振り回してよいという意味ではありません。絶対的自由とは、自分以外は全て他人となり、それぞれの自由を守るという意味ですから、祖の時代のようないじめやハラスメントは存在しません。これはあくまで祖の時代のルールです。

　この絶対的自由のルールは当然グループ内でも適応されます。満場一致の法則がグループでは適応され、一人でも反対意見があればこの案件は否決されます。では、グループでのまとまりはなくなるのでしょうか。これからのグループは小集団化が進みます。3.4人がちょうどよく8人までのグループが最多です。9人になると分裂し、これ以上の大きな集団はイベントでしか集まらないでしょう。

祖の時代の人間関係はどんどん解消され、波動の合う人同士しかグループは作れなくなります。性格がよいとかではなく、あくまで波動が合う相手と関わるようになります。

20　思想・政治・国家

政治、国家、世界の機関も変わっていきます。将来は、世界がとても近くなり、ひとつにまとまっていきます。これは地球連邦のようなひとつの国ができるのではなく、ひとつのプロジェクトで集まり賛同するという小さいグループがたくさんできて個々の国の負担が減り、対立のない世界が訪れるという意味です。自分中心主義及び地動説的思想が皇の時代の根底なので時代が進むと他国との争いはなくなり、自国の利益をしっかりアピールして共生できる世界へと変わります。今はまだ、『際限なく慾しがる欲』が優先されています。これこそ祖の争いを生む慾ですが、抜け切れてはいないので対立が起きるのです。

皇の時代の構造は、円形の縄文型ですが、祖の時代の社会構造はピラミッド型でした。頂点に行くほど裕福で、全ての情報は上（権力者・宗教）から降りてきて下へ行くほど奴隷に近くなります。ここでいう奴隷は少ない金額で命令に従う層の全てです。

皇の時代の移行期の今、このピラミッド型が壊れ始めています。国が崩壊するのではなく、市民の発言力が強くなり今までのような強引な政策がとれなくなるためです。このため、何度も政策は打ち切りを繰り返し、国民の意思が反映される政治へと変わっていきます。国民投票もこの変革の一つです。国の役割は

支配から管理に変わり、新たな政策は政治家ではなく国民が決め、政策が実行可能か判断する機関が政府となっていくのです。

　とても大きく変わるのが宗教です。宗教はピラミッド型の思想の頂点にいました。どんなに国の制度が変わっても、2500年間宗教の体制は変わらずに来たのはこのためです。しかし、現在力をもつ宗教は、祖の時代をけん引するために存在しているので変化を起こします。次の2500年がやってくるまで2500年間の休息期に入るのです。ですから宗教は体制がガラリと変わります。どのように変わるのかは個々に違います。というのも経典や宗教の体制が信者を導き指導するタイプは休息期に入りました。逆に自分で心を縛り付けている人々の心の解放や自立、自由を掲げた宗教は発展するからです。祖の考えの宗教はお休みに入り皇の考えの宗教・思想が起きてきて布教活動を行います。新しい幸せの三原則を掲げて産まれてきます。

21　健康・医療

　皇の時代の医療は二極化します。遺伝子解析と疾病対策に分かれます。遺伝子解析の分野では、現在の病気のみならず未来の病気を防ぐために遺伝情報の解析や治療効果の研究が行われます。不老不死の研究から、若く200歳まで生きる効果のあるものも発見され、多くの人が救われるでしょう。ただし、出生率は下がります。人口増加が深刻になれば自然の力が働きます。ここは医学で解明できない分野です。異性に興味を持たな

い人が増えるので仕方ないのです。

　疾病対策分野では、外科技術が飛躍的に進み老化の補助具の開発も発展します。運動療法・波動療法・細菌を使った治療法などが開発され、薬会社は薬の開発から菌やウィルスの治療薬を開発することに方向転換します。

　若返りや不老不死の研究が、病気にかからなくする分野や、命に係わる仕組みを解明するので、この分野の会社は飛躍するでしょう。

22　エネルギー

　祖の時代は、地のエネルギーを利用していました。大地に眠る原油や石炭を掘り起こし、ウランからは原子力エネルギーを取り出し使っていたのです。これは祖の時代の三種の神器にも出て来る搾取のルールで、無料で掘り起こし富を得るという仕組みの一部です。しかし、皇の時代はこの仕組みが厳禁となり変更します。ですから各地でトラブルが相次いで起こります。このトラブルの最たるものは、チェルノブイリから始まった原子力発電所関連です。風評被害が甚大なので割愛しますが、世界中の原子力発電所が全て解体するまでこの問題は世界中で起こります。これに比べ自然エネルギーの活用は年々飛躍していきます。

　自然エネルギーの代表は、水・風・波浪・動エネルギーです。空気中の物を使って起こすエネルギーが主流となるのは今が天縄文時代だからです。天の力を使う縄文時代という意味です。これから出来上がるエネルギーに、空気を燃やして作る電気や

動いて作るエネルギーがあります。障害があっても高齢者でもできる職業として電気を売るというのが流行ってきます。これは毎日ある方法で体を動かすと電気ができ、これを売ることで生計の補助となるシステムです。何歳生きても自立できるよう自然は仕組みを用意しています。しゃべるだけで電気を作れたら私はいいのですが、こんな方法も可能なのです。

　いよいよ祖の時代を解き明かしましょう。ここ数年の変化とともに見直していまだ残る祖の風習を変えていきましょう。
その前に休憩です。

－コラム１－
樂しいこと

　「 樂しい事がない」
　これは'樂しい事がない'と言う'樂しいこと'かもしれません。
『樂しい』とは、必ずしも苦しみの後の達成感ではないですから。
これから'皇の時代の樂しい事'は人によって解釈が変わります。

　例えば、ずっと息をするのも苦しくなるほど追い詰められていたら、何もしない事が樂しいことのカテゴリーに属します
　達成感が樂しい！と思う人は、苦しいことを淡々とする中でやり遂げた結果として「樂しい！」という思いが湧きます
　もちろん、大金を稼いだ場合も達成感、安堵感、これらの感

情は樂しいカテゴリーに属しますね。

　「樂しい感情」が必ずしも笑いこけるような事ではありません。この笑う事が樂しいことのように感じるのは、祖の時代に苦しみしかなかったから達成したり解放されたり、一瞬のバカ騒ぎで樂しさを感じたりする『樂しい』しか知らないからです。

皇の時代は、『何もしない樂しさ』という
特殊な感情も湧いてきます
解放されるから樂しい
達成感
満足するから樂しい
癒されるから樂しい
関わる安堵感
優しさに涙することさえ
樂しいことに入ります。
樂しいことを追求する時代の樂しさは、千差万別、人口分あります。祖の時代には、残念ながら特殊なケースの樂しさしかありませんでした。
まとめ
樂しさは千差万別
自分の中で心が穏やかで平和であれば良い
〜〜〜〜♡〜〜〜〜♡〜〜〜〜♡〜〜〜〜♡〜〜〜〜♡〜〜〜〜

　これは、祖の時代に苦しさしか知らなかったと相談されたときに降りてきた言葉です。この中の、何もしない樂しさという表現

にハッとしました。「私たちは樂しい感情一つさえも情報統制されて来たのか」とハッとしたものです。あなたの樂しい瞬間はどんな時ですか。ゆっくりに思いふけってみてください。

~~~~♡~~~~♡~~~~♡~~~~♡~~~~♡~~~~

- コラム 2 -

樂しく過ごす方法
この課題の質問をいただきました。
　この質問の答えは、
　「遊びと学びは１日のうち、８時間とりましょう」、という時間の使い方を決めたルールです。
　この樂しく遊ぶ、または学ぶということが樂しさとイコールになるのです。
　今は【祖の時代】から【皇の時代】への移行期なので、全てが樂しいというのは難しいです。【祖】のエネルギーで動けば、苦しくつらく嫌なことが起こりますので
　心がけるのは
人のために動く時間＝働く
自分のために動く時間＝遊ぶ
健康のために動く＝寝るなど
　１日を三つに分けて考えましょう。

　他人のために働くことが１日の 1/3 ですから、家事をし、家族のために動くことも、働くことに該当します。この働く時間が長

89

いと病気に向かうのが皇の自然のルールです。絶対的自由を損なうので。

　ですから、なんとしても、自分のための時間を増やしてください。『樂しい事を作る事』で、樂しい時間＝自分のためになりますから。ちょっと面倒な考え方ですが、移行期の《今》を乗り越えるには嫌なことを減らし、樂しいことを増やすための思考が必要ですから。

まとめ

樂しい事と言われてもよくわからない人は自分のための時間を増やす。

〜〜〜〜♡〜〜〜〜♡〜〜〜〜♡〜〜〜〜♡〜〜〜〜♡〜〜〜〜

第三部　祖の時代

今まで生きてきた時代を知ろう

1 祖の時代の構造

　祖の時代は『ヨルの時代』です。于由光線が当たらず、社会のルールが基本思想となり、宇宙のルールが働かずに苦労から学ぶ時代でした。この時代の頂上は宗教です。以下にピラミッド型構造を図解しました。

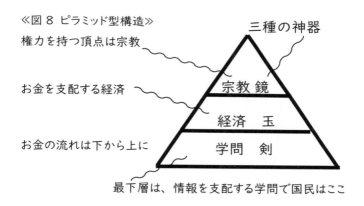

≪図8 ピラミッド型構造≫
権力を持つ頂点は宗教

三種の神器

宗教　鏡

お金を支配する経済

経済　玉

学問　剣

お金の流れは下から上に

最下層は、情報を支配する学問で国民はここ

　≪図8 ピラミッド型構造≫を見てください。祖の時代は皇の時代とは真逆です。全てが支配の社会でした。自分という存在は、後回しして国・会社・学校・家族・親族が優先されました。ルールも自然のルールはお休みされ于由光線が当たらないことで宇宙のルールも働きません。全ては全体が優先され個人の自由はありません。平等もなければ自立もなく差別は善として存在していました。心は今ここにはなく苦しい事から現実逃避するか虐待

により感情も働かなくなってしまいます。全ての人や物事と比較され、競争の頂点を目指します。

　お金は下から上に吸い上げられる構造で、他者を苦しめた者が上に上がれる仕組みでした。2000 年前、お金がまだ一般的でない頃の奴隷は自殺も多く、仕方がないので宗教と少ないお金で縛り自殺を食い止めました。お金がたまると病気や飢饉を起こしお金を奪います。祖の時代の苦しみから学ぶ世界はどんな出来事からも苦悩が付いて回りました。

　次は、皇の時代でも幸せの三原則として三種の神器がありました。祖の彌生神が持ち込んだ三種の神器を解説します。

2　　三種の神器

　祖の時代の三種の神器は、彌生神が祖の時代を生きるために必要な幸せの三原則として持ち込んだルールです。ここを知ることで今までの祖の時代がいかに今とは違い異常を引き起こして成長させる仕組みだったのかが解ります。

　１本→鏡　信じて従う・うそをつく
　２輪→玉　盗む
　３器→剣　苦しめる
　これが幸せの三原則と言われ、日々行われた思想です。

3　　本→鏡　信じて従う・うそをつく

　祖の時代は皇の時代と違い、子由光線が当たらないヨルの時

代です。真っ暗な世界を生きるには、互いに手をつないで生きるしかありません。なぜなら、一寸先は闇という言葉通り、１分先がどんな世界かわからなかったのです。ですからルールを設け、全員がルールに沿って生きることが原則です。ルール違反がいないか、互いを監視し、規約や決まりをたくさん増やしました。少しでも決まりに違反すると罰が下ります。苦しめるためにできたルールですから理屈が正しいとは限りません。しかし、信じて従うというのが幸せになるためのルールですから、どんなに理不尽でも従うのが家族・親族の幸せのためでした。

　従わないものは罰するという規約違反を取り締まる制度が権力として成長し、最後は戦争にまで発展します。『 日々の生活に満足するため、他国を侵略する』今考えると、どのような発想からここへたどり着くのか不思議です。

　この規約はいたるところで支配を強めました。宗教の戒律は命を捧げるほど厳しく、王族のそれは闇に葬られるという悲劇を繰り返しました。彌生神に守られる人はどんどん富を手にしていきます。逆に正直に生きようとするほど苦労を背負いました。不平等社会こそ祖の社会のルールだったのです。学校では、差別といじめが横行し、裏口入学等の賄賂は日常茶飯事となり、子供の実力とは無関係の力関係が発生していました。会社では、社畜という言葉さえあるほど卑劣な行為が続いています。例え死んでも仕方ないという社風さえありました。過労死が横行したのもこの風潮からです。皇の時代に入り、ハラスメントという言葉が出始め、祖の時代にどれほど嫌がらせや暴力があったのかが表ざたになっています。しかし、祖の時代では上司や仕事のために

接待という売春さえ要求されました。これさえ信じて従うという祖の幸せの三原則でしたから善として扱われました。

　この時代の善悪はルールとして存在するので、人道に対して善か悪かという意味ではありません。あくまで全員が生き残るためのルールに対して守るものが善であり破るものが悪とされたのです。人権が生まれるのは、祖の時代の 2500 年間ではなく、皇の時代が始まる準備期間のせいぜい直近 100 年ほどです。それまで人権などはなく権力者を守る奴隷としか考えられていないのが社会のルールなのです。

　もうひとつのウソをつくというのは、全員が毎日していました。朝から晩まで自分の心にウソをつくことで、家族・親族の顔に泥を塗ることはなく、互いに幸せでいられたからです。本当のことを言うと裏切られたり、ウソをつかないと苦しかったりするのは、祖の時代の三種の神器すなわち幸せの三原則の鏡がウソをつくという内容だったのです。

　信じたくないかもしれません。ウソはだめというウソを学んできた世代には、これ自体が裏切られた気持ちになります。しかし、家族を思い描いてください。盆暮れに集まる親戚一同が食卓を囲んでする幸せな会話も今から思うと苦悩の塊でした。ウソで会話は成り立ち、食事がまずくても美味しいと評価して、親戚の長い会話に耐え忍んで過ごすという記憶はあります。

　世間の目を気にして生きるのも物の時代の象徴でした。見栄を張るのもウソをつくことになります。結婚式に娘が 3 人いると財産がなくなるといわれるほどお金を掛けたのも見栄のためです。

　これらは、善悪で判断をするのではなく、ウソやごまかしをし

ていると善となりしていないと悪という世の中のルールでした。

4 　輪→玉　盗む

　お金の意味です。お金はもともとも物々交換の社会には存在
しません。物が豊富で余るものを他人に分けていたので争いが
起こらないのです。祖の時代に入り『貯蓄』という概念が生まれ
て王様が作るようになりました。王様は、物と金貨を交換し、貿
易商からなんでも手に入れました。金貨も銀貨も銅貨も地中から
無限に採掘できるので、ただでお金は作れます。
　また奴隷が苦しくて自殺するのを防ぐためにもお金を使いまし
た。労働の対価にお金を支払い、権力者は金貨を配るとなくな
るので、税金という制度を作りお金を回収しました。
　地位が高いほどお金は多く、人を苦しめるほど財を築きまし
た。一人一人に他人を苦しめたかどうかを判断する守護霊がつ
き、精査していました。これに合格するとお金が増えるルールだっ
たからです。
　国が許可をして、地球という大地から石油・石炭・鉱物を盗
んで儲けるのも輪の盗むというルールです。

5 　器→剣　苦しめる

　権力・武力・武器・秀才と言う意味です。お金で従わせる
のが幸せの三原則ですが、どうしても従わない人がいたら力で
従わせようとするのが器というルールです。ヨルの闇の中では、

権力者に全員が従い生きることが全員の幸せを守るための世の中のルールでした。そのため、このルールを自分の主張で破る人が一人でも出ると全体の規範が崩れ、我も我もと権力者にたてつき国が滅びました。特に2500年前の祖の時代の始まりの頃は権力者がすぐに殺され国が転覆する騒ぎが続いています。殺し合いが続けば当然平和は存在せず、いつ殺されてもおかしくない状況に陥ります。ですから、どんなに権力者に理不尽な扱いを受けても全体の平和を守るために個人の意思は規約違反で重罪になりました。

　他国を侵略し、植民地にするのもこのルールによります。他国に支配され更に厳しい労働にさらされるよりましという力が働きました。誰もかれもが平和が幸せであると信じて権力者に従い侵略戦争も起きました。ですから、祖の時代は全員が一丸となり苦労を背負いながら見せかけの幸せを求めるという世の中のルールで動いていたのです。

　例えるなら、全ての生きる材料を一回だけ詰め込んで、全人類を乗せ出港した箱舟に、人類は2500年間のって生きていたのです。あちこちで喧嘩が起こり、奪い合いが起こり、ウソと見栄で競い合い、ルールを細かく作り違反者は罰則をつけ、果てには船が追い出して（この世から追い出す）進みました。これが幸せの三原則の三つめです。

6　人間は神の操り人形だった

　祖の時代では、自分が選択したようで操り人形でした。人間

の肉体は『皿・ぺい』という入れ物にすぎません。人間はこの皿に入った魂を自分と認識していたようです。この皿は大自然のプログラムにより上から動エネルギーが、下から造エネルギーが前から生命エネルギーがやってきて空っぽの皿に入ります。この皿に入ったエネルギーを動かすのが守護神・守護霊・浮遊霊などの先祖で動・生・造を指揮し、もっと低い先祖がコントロールしていたようです。

《 図９人間を動かす仕組み》

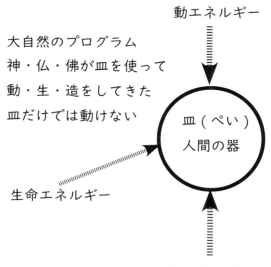

動エネルギー

大自然のプログラム
神・仏・佛が皿を使って
動・生・造をしてきた
皿だけでは動けない

皿（ぺい）
人間の器

生命エネルギー

造エネルギー

　大宇宙のプログラムで祖の時代は、自分の魂が記憶する能力
を一切使うことなく、皿の中で「苦しみから学ぶ魂」として日々
使命を実行していたのです。これは善悪ではありません。あくま
でプログラムであり、世の中のルールなのです。天縄文理論には、
人間を動かすプログラムについて書いてあります。『命というルー
ルに基づいて、ワワハという方が創り、管理はチュワシャという方
がしている』現在、大宇宙のプログラムは真逆というほど変わり
ました。つまり、皇の時代では、守護霊達は眠りにつきました。
今は全てを自分の心に従い選択しています。もちろん移行期です
ので、まだ眠りきらない浮遊霊や念がとりつき自分の意志とは関
係ない選択もしてしまいます。この浮遊霊や念は、自分の発する
波動に共鳴してやってきます。ですからやはり自分で招いた事に
は変わりありません。

　「お祓いや浄化が必要ですか？」

　という質問をいただきます。この他者によって取ってもらう行為
は祖の思考ではありますが、自分でどうする事もできない精神状
態であれば、きちんと依頼をして払ってもらう事は有効です。た
だし、お祓いをしても以前と同じような考えや行動では、変化は
ありません。またすぐに同じ結果が来るでしょう。お祓いという儀
式で自分を見つめ直し、他人のせいにしていた部分を改めましょ
う。

　また、祖の時代にまじめに自分を受け止めてしまうと心を壊し
てしまってもおかしくありませんでした。もともと精神異常を起こ
し、本来の能力ではない自分が生きてきた時代です。移行期の
今に回復できないようでしたらカウンセラーなどに話をして自分の

過去を吐き出し、浄化してひとつずつ消していきましょう。あくまで操り人形でしたから、あなたが望む生き方は、できなかったはずです。

　ただし、どんなに人のせいにしたとしても責任は自分にあります。このお話は、犯罪を容認するものではありません。あくまで世の中のルールの中でするコントロールです。

　ここでつながる先祖によって自分に降りてくる信号が違うという説明をします。自分の皿にあるのは魂と自分を動かすエネルギーでした。ここにつながりコントロールする先祖が誰かによって決まります。

先祖→　いい人 →　自分の性格→　いい人
先祖→　金持ち →　自分の経済→　金持ち
先祖→　貧乏　 →　自分の経済→　貧乏
先祖→　病人　 →　自分の人生→　病弱
先祖→　権力者 →　自分の人生→　権力者
先祖→　教育者 →　自分の人生→　教育者

　一人ではなく多くの方がコントロールしているので多面的な人格を表すこともありました。今はもう皆さま眠りについておられますので突然性格が変わったと思う人はいるはずです。

　ここで、皇の時代の【皇】の由来を祖の時代と比較します。この漢字は、祖の時代の王と関係があります。祖の時代の頂点の《王》は、黒・隠す・嘘偽りを意味しています。この王の上に《白》が付くのが皇という漢字です。白は、明白・潔白・公

正・公明正大などの意味です。黒から白に変わるのも皇の時代の変化です。皇の時代の移行期に変化が起きるのは真逆になるからですが、漢字一つでも真逆に変わり世の中の人はさぞ混乱しているのではないでしょうか。

～～～～☆～～～～☆～～～～☆～～～～☆

– コラム –
　　結果の前に起こる事

　　自然のルールからずれるとお知らせが来ます。
次のような順序であの世へ引きずられるのです。

１　体調が崩れる、ミスが増える
２　すれ違いが起き事故になりかける
３　軽い事故に遭う
４　病気で苦労する
５　事故などで命が終わる
※人それぞれ寿命や役割があるので早死にしたから罰を与えられたわけではありません。あくまで自分の中で気づくために起こる出来事を指しています。
　　不幸な事故に出会い家族や大切な方を失って、その後に不幸をなくす活動に参加される方がいますね。　残念ながらそういう場合、その方の使命としてそういう出来事が必要だった可能性があります。社会を変えるために作られた道、残酷ですが。
　　この場合、かなり徳の高い方が、ご自身で家族と話し合いそ

101

の道を生まれる前に背負ってきた高尚な方であると言われています。

　ですから自分の道を極める以外、他人に干渉して他人の生き方に口出しすると、『自分が裁かれる』という力が今から動き出しています。

　祖の時代は他人に干渉し、混乱を起こし、自由を奪う事も善なるルールでした。しかし、皇の時代は真逆です。

　お知らせがやってきたら直ぐに調整してずれを戻しましょう。交通事故は特に危険です。

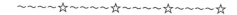

　つらい記事が相次いでいたので書いた文章です。災害にしても交通事故にしても皇の時代は全て自分が選び、この瞬間にそこにいてしまったのだと言います。しかし、人の心はここまで強くないのです。

　「祖の苦しみも皇の試練も全て理解し起こることは自分の成長」と思う心の強さが必要なのかもしれません。愛する人と再会する日まで。

7　祖のプラスの人と祖のマイナスの人

　祖の魂の人と皇の魂の人が混在する皇の時代の移行期は、混乱期でもあります。500年間続く皇の移行期には様々な役割

を持った人が出現します。祖の魂の人は祖の時代にしか生まれることがなく、今の移行期で突然お亡くなりになるケースが相次いでいます。これは移行期の始まりにいつも起こるルーティーンなのですが、大切な人を亡くすのはつらいですね。ただ、苦しんでいるのではなく寿命を迎え次の時代の準備に入られました。ここを理解してください。

　今、還られる魂の多くは祖のプラスの人です。祖のプラスの魂は苦しみから学ぶ時代を終え、次の喜びの最高峰といわれる彌生神が目覚める藝の時代まで、眠りにつきます。

　そして、今活躍している祖のマイナスの魂を持つ方たちは、今まで築き上げた祖のルールを壊す役目を持っています。多くの人がリーダーとなり、改革を推し進め祖の世の中のルールである、金と軍事と負担を強いるものを破壊していきます。旧時代の組織は全て崩壊します。もっとシンプルで各自の能力で支えあう、新しい組織へと変わるためです。

　祖のマイナスの人はいろいろなものを壊すのでどうしても嫌われます。リーダーとして選ばれても支持率は上がらないでしょう。なぜなら移行期は自然の力も働きだし、自然災害や経済の混乱、ウィルスによるパンデミックが何度もやってきます。そのたびに対応に追われ批判が相次ぐからです。しかし選ばれたリーダーは意外と長く続きます。

8　祖の時代と皇の時代の比較

　祖の時代は『苦しみから学ぶ』時代でした。皇の時代は『樂

しさから学ぶ』時代です。この真逆になる部分をあげてみましょう。基本的には。祖の時代に作られた決め事、象徴的な建物、出来事、ルールは全てなくなります。全部壊して新しく皇の時代のルールを布いていくのです。全て壊すというのは、今すぐではなく徐々に壊していき 500 年後にはほとんど残らないという意味です。現在も多くのものが壊れていますが、今後は加速していきます。

　例えば最近壊れた習慣は、お盆などの里帰りです。家族は動物と一緒で親離れをしたら一生会う事もない関係になっていきます。あくまで親は子供の育ての親となり、同じ波動を持たなければ、親と子の性格とは無関係に嫌な事が起こり離れていきます。実際に「コロナ禍での帰省はやめてくれ」という現実が来年も再来年も続くと、直接会うことはなくなり帰省にかかる金銭的、精神的負担が減ります。これとは別にリモートでつながり、楽に会話するチャンスが増え、樂しめる時間が増えるでしょう。祖父母の育児がリモートで可能になると、母親の負担が減ります。昨今のベビーシッタートラブルもリモートで室内を監視するという方法があり、これを導入することで被害は減ります。

　また、無駄なおしゃべり習慣も変化しました。マスク越しに会話するのは面倒ですし、会う機会が減りおしゃべりに取られていた時間を有効に活用し始める人が増えています。皇の時代は今まさに始まったばかりです。変化を見ましょう。

8-1　時代のルール

祖の天動(説)的思考で結果論

　原因を他人のせいにして、自分は関係ないという思想で、「天が動いて結果を作った」と考える思考です。天とは自分以外の力、結果は自分にきた結果です。

　例えば、子供の学力低下は、学校や教師、政府の政策が悪いと考える思考の事です。これは世界中ほとんどの人がしていた思考で、会社が悪い、世間が悪い、親が悪い、環境が悪い、他国が悪いなど周り中の全てが自分を不幸にする元凶で「諸悪の根源は、他人からもたらされる」と解釈していました。これは世の中のルールでしたから仕方ありません。

皇の地動(説)的思考で原因論

　やってくる出来事の原因は自分にあるしいう思想で、「全ての原因は自分にある」という思考です。「地が動いて原因を作った」と考える思考です。地とは自分のことで、自分にきた結果の原因は自分で作っているという考えです。

　例えば、子供の学力低下は、自分の勉強に対する選択ミスであるという考え方です。部活に注力すれば体力のない子供が勉強に時間を割けないとわかっているのに部活を優先したからです。サッカーや野球がしたいなら外部の負担の少ないクラブへ転出する方法もあります。プロを目指すなら学力は捨てて、プロに習えばよいのです。部活は素人集団という全体を見ないで不満を言うのは自己責任であるというのが皇の思考です。塾へ通って

も成績が上がらない場合、すぐに転塾や家庭教師、通信教育、ネット配信の解りやすいサイトなどに切り替え、自分が理解しやすい環境へシフトし、苦しむという時間の無駄は削りましょう。

8-2　三種の神器　基本的思想

祖の三種の神器　信じて　従う・ごまかす・お金

　祖の時代のルールは権力者に信じて従い、苦しみを受けいれる事でした。権力者とは、組織の長であり家庭では夫や父祖父などの男性です。学校では教師であり、会社では上司です。そしてウソやごまかしは日常茶飯事でした。そもそも自分の心をごまかさなければ生きていけない時代です。このルールの中全ての人が、信じて従い規範を破れば罰則をうけ、時には殺されたものです。しかし、これが全員で暗闇『ヨルの時代』を生き抜くルールでしたから善悪とは関係ありませんでした祖の時代はお金が力を持ち、お金持ちや権力者、教祖に集まる仕組みでした。貧乏はお金が入ると全て権力者吸い上げられる仕組みで、手元に残らず足りないという苦労も背負いました。

更に権力者は、自然界からなんでも盗みお金に換えていましたから次から次へとお金が集まりました。石炭、石油、金など、発見者はおかまいなく全て権力者のものにしました。自然界の流れに逆らい、下から上に上げるという力が働いていたのです。

権力・苦しむ事

　お金で従わない人は罰則を与えて従わせるという力が働いて

いました。全員が一致した方向を向き、規則を守らないと生きていけない時代でしたから、一人でも規則を破ると全員がバラバラな主張を始めるからときつい処罰を行いました。無実の罪で投獄されたのも規約を守らなかったという外的要因かもしれません。そして何より苦しむ・苦しめるという力が働いていましたので、人を救えば不幸になり、多くの人を苦しめるほど幸せになりました。

　会社でまとまりかけた案件が一人の嫌な上司のせいでつぶれるのは、この『剣』というルールのためでした。嫌な人が集団に混ざることで脳が異常をきたし正常な判断ができないために苦しむというルールです。

皇の三種の神器　自立のための学び

　皇の時代は魂職が動き出すので、ほとんど魂の記憶からできることは判ってきます。しかし、今の移行期は魂の記憶が目覚めない人も多くいますので、他人から学ぶ方法がこちらです。自分で独学をし、ある程度解ってからプロに確認しましょう。本を読むのが苦手な人は YouTube を利用しましょう。プロが自分の技術を無料で公開しています。ある程度動画で理解出来たら本を読んでも意味が解るようになります。

グループ

　皇の時代は波動の合う人としか関われなくなりますから、グループの付き合いは減ってきます。仕事でグループを組む場合でも３〜４人の小グループで話が進み、９人以上の集団で話し合う機会はなくなります。会議という名目で社員の時間を奪う事が、無

駄だと上層部は気付き始めています。会議中にぼーっとしていると、この時間の時給を稼いでいないので、ここを減らすことが利益を生むことだとコロナ禍のテレワークであらわになりました。

ロボット

　今まで人間がやっていた過酷な労働は、全てロボットがすることになります。人がする7割は数年で入れ替わるでしょう。育児も親ではなくAIがするようになります。食事作りも外食産業が発展し、金額も値下がりして手ごろとなり家族の好きなもので栄養豊富なおかずが簡単に買えるようになります。介護も変わります。人手不足の解消のためにどんどんロボットが導入され、自宅介護も減るでしょう。一か所に集める事で、介護者が少なくて済むこと。空き家が増え、集団で入居するのに手頃な値段で賃貸契約が結べることも後押しします。入居者の要望に合わせた施設が開設され、同じ波動の人たちが集まり楽しく暮らすためのサポートとしてロボットは導入されます。

　冷凍技術も格段に上がっています。食品ロスの問題も徐々に解消します。食品の加工は急ピッチで進んでいきます。皇の時代の移行期では、全世界の食糧問題を抱えています。ここを改善すると次のステップに進みます。

8-3　世の中の構造

祖のピラミッド型とは

　祖の時代は中央集権で、頂点の権力者が全ての指示を出し

ていました。お金も上に上に吸い上げられるよう流れていました。下層に行くほど自由のきかない奴隷のような生き方になります。お金の自由はなく、時間の自由もない。ほとんど選択権のない人がほとんどでした。信じて従い、苦痛の中で忙しく働くのが美徳でした。

皇の円形式とは

　皇の時代は自分を中心に置く円形式の構造です。自然のジクから自分の中心をずらすと苦がやってきます。自然のジクとぴったり合うと欲しいものは未来からすべてやってきます。この円形式の関係は、全ての人と対等であるという意味でもあります。関係に上下があるのは神・神・仏の世界のみで、人間界や自然界に上下関係はなくなります。お金や権力に上下関係はなくなり、自分と他人というくくりに変わります。この自分の中で自分の分にあったことをする限り、幸せは続きますが、他人の領域に手を出したとたんに苦がやってきます。苦が学びの祖の時代とは違って進可は止まり、退化しますので他人に干渉することはとても危険です。お知らせはいいのです。他人に「こんなことがあるよ」という解説は。これを押し付け、またはやりたくない理由を聞き出そうとすることが問題となります。あくまで判断は各自がしてのらない時は引きましょう。自分の心の閃きにそって生きてよい時代です。

8-4　教育

祖の教育とは

　祖の時代は、脳を使い頭で考え思考を酷使して教育を受ける時代です。できない量の勉強をつぎつぎ詰め込み、身につかねば罵倒され、苦しむためだけに教育はありました。というのも、ほとんどの教育課程で学んだことは社会に出て必要がありません。音楽家になる子供が国数社理英を日々苦しんで学ぶより、楽器を演奏し音色に表情をつけるための訓練をした方が楽しいし実りがあります。テニスのプロになりたい子が、進級試験に落第するのは当然でここを学生だからと追い詰めるのが教育でした。確かに教育があり1%の秀才が世界の物質文化を発展させましたが、その他の子供たちは苦しみぬいた結果、社会に出て満足する大人にはなっていません。あくまで祖の世の中のルールで教育は受ける苦労の一つでした。

皇の学習とは

　皇の時代は独学からプロへの習得が目的です。すぐに結果がでて、楽しく学び成長できることが学習です。不必要な学習は脳が拒絶しますので、全くできません。できる事とできない事がはっきりと遮断されています。できる事を追求しましょう。これは塗り絵でもよいです。写真でもよいです。写真も一眼レフのようなカメラではなくiPhone写真家でもいいのです。自分の分にあったものが対となりあなたの能力を高めます。樂しんで学べるものであればあなたの才能が開花して魂職に発展するでしょう。これ

は決めつけてはいけません。あなたの心に従い感じたものに邁進してください。しかも「80歳でやっとプロとして他人に伝授できるようになる」とありますので、70歳からでも新しいことに取り組んでください。祖の時代が明けたからこそ自由に学びましょう。学んで多くの方の手助けができると最高です。

8-5　作る

祖の時代は盗んでこねるとは

　祖の時代は大地の恵みを盗み、お金を取って儲けました。これは自然から無料で盗む行為でした。そもそも祖の時代は創、造、作のエネルギーはゼロでしたからどんなに物を作ろうとしても自然界の物を盗んでこねまわし、作ったと喜んでいる時代です。石炭、石油、金、銀、銅、金属、宝石など資源を無尽蔵に盗み自然界を破壊してきました。山を崩し、川を汚し、海にゴミを捨て、オゾンホールのような自然環境の変化も起こりました。これも祖の時代の必要なルールでしたから起きたことです。この物質文明は既に終わりました。今、自然から盗んでいる企業は方向転換を強いられていくでしょう。

　この時代の作るは、ほとんどのものを壊して１つ作ることが許されているのでほとんどは破壊だけです。祖の時代は破壊の時代でしたから。

皇の時代は創、造、作をするとは

　皇の時代は本当の意味で創、造、作が働き始めます。創と造は神・神の領域で行い、将来欲しいものを願うと出現し、い

らなくなると自然界へ還すということが可能になります。神様以上の領域である「創」は、『ワワハとチュ論者という方が材料なしで創ることをいい、ムの領域で行われる』で「造」も『ムの領域の下の方が原料・材料を創り、さらに下の領域の方が原料・材料を使って造をする』という世界で行われます。「作」は人間がしますが、破壊しながら作をするのでほとんどは破壊して1%の作ができるのです。

8-6　過程・結果

祖のプロセス中心主義とは

　祖の時代は、結果を出すよりプロセスが大切でした。旅も目的より道中の楽しみの方を優先し、目的は後回しとなりました。高速道路で行く旅行のサービスエリアが楽しみというのも、この感覚でしょうか。

　例えば、会社の会議もプレゼンも良い案を出して話がまとまると壊す人が現れてまた一から見直すことはよくありました。会議への参加者も決定権のない人も何時間も拘束され、発言権もないのにただ聞いている人たちの多いこと。これは、会議をするというプロセスが大切で、苦労をさせるのが目的でした。

　学校でよくノートをきれいに書くことが目的になり学んだことが身につかないケースもありました。身に覚えはありませんか。あくまで祖の時代は、プロセスで満足することの多い時代でした。

皇の目的中心主義とは

　皇の時代はあくまで目的中心主義です。プロセスはシンプル

で楽なものとなり最終目的と今が直結するようになります。例えば産地直送や、服のオーダーメイド、旅行も過程を省いて現地集合・現地解散になります。途中を樂しむというより、現地で樂しむことが増えます。これが進むと旅行も友人といかず、現地で旅行者と気が合い一緒に回るという事が増えてきます。ぽっち旅はまさにこれで、おひとり様の旅が増えてきたのも皇の時代だからです。

　今見た記事に感動しました。北海道の稚内駅に集合、三日間かけて日本全国の新幹線に乗るだけのツアーです。最後は九州の鹿児島県西大山駅で終了。バスで鹿児島中央へ移動し現地解散です。まさに皇の時代の目的中心旅行です。お一人様料金は、15万5000円で、素晴らしいです。電車に乗るだけのツアーを大人も子供も同一料金で三日間、車中で過ごすというパワーイベント。参加する人は電車好きな人と出会い、ここから新しい生き方が始まるでしょう。こういうイベントがどんどん出てきます。あなたの趣味に合う事には積極的に参加して、波動の合う友人に出会いましょう。

8-7　男女

祖の男性に決定権があること

　祖の時代は男性に決定権がありました。これはヨルの時代のルールで、常にヨルの時代は藝の時代でも男性が強く成ります。これは男性が好戦的で男性社会だから戦争が続いたという意味ではありません。単純に世界中が祖のルールで戦争を起こし、

祖のルールで全員が同じ方向を向いていたのです。男性が皇の時代に入ると体つきから思考まですべて変わります。この男性たちは皇の子供たちですから祖の男性とは考え方もこだわりも変わります。軟弱になったのではなく、ルールが変わったのです。

皇の女性に決定権があること

　皇の時代に移ると決定権が女性に移行します。男性の見かけも女性に近付き力も弱くなります。ヒルの時代は常に女性優位で進みます。女性の決定権は単純に指導権ではありません。女性がアイディアを出し世の中を変えていくという意味でもあります。

　すでに女性でノーベル平和賞 (皇の夜明の年に取りました) をとったマララさんや、世界に地球温暖化改革を訴えるグレタさん。若い女性二人は、皇の女性で世界をひっくり返す力を授かっています。私も彼女たちに刺激を受け配信を始めた一人です。世界は女性の手で変わっていくという実感があります。これは女性が正しくて男性が間違っているのではありません。あくまで祖のルールで男性は動いてきました。女性だけでなく多くの人を苦しめ学びを与えるという使命で動いていたのです。これからは、楽しく生きるというルールにのっとり過去の全てを真逆に改革し、不幸を取り除く活動家が女性の中からどんどん産まれてきます。

8-8　幸せ

祖の『 脳の幸せ』考えて生きる事・情報過多こと

　祖の時代は、なんでも知ろうとし、自分に関係ない事をどんどん集めて情報過多となり苦しむ時代です。脳にたくさんの情報

をいれ考えても答えの出ないことに日々振り回されるという堂々巡りをしてきました。しかし、多くの情報に満たされ忙しく動くことが幸せの三原則でしたから今までは良かったのです。

皇の「心の幸せ」閃き、思いを大切にすること

　皇の時代は、天から降りてくる閃きを受け取り、心を成長させる時代です。何かをしようとした瞬間に感じた第六感を信じて進んでください。

　例えば、このパスタが食べたいとメニューを見る前に感じたら、メニューは見ずに注文しましょう。このパスタが何かを教えてくれるのです。

　「どうしよう」と迷った時も心（頭）を空にしてください。するとフッと言葉やイメージを感じます。この直感を信じましょう。

　心で感じるためには、心の波動を相手に合わせる必要があります。皇の時代が進むと自分の波動の合う方向、道、乗り物、人としか関われなくなります。最短距離を行こうとしても波動に引っ張られてぐるぐる回ります。これは波動の調整であり自分のすべきことのひとつです。状況に自分をゆだねてこの時間を樂しみましょう。

8-9　苦楽

祖の苦労が美徳なこと

　祖の時代は世の中のルールで苦労は美徳と思われていました。仕事をするなら「率先して人の嫌がることをしなさい」と教わりました。苦労話はドラマとなり多くの人の共感を得てヒット作となり、

子供が苦労を積んで幸せになるドラマが流行りました。楽なこと
と苦労することでは、苦労した方が実り多きことと言われ、「アリ
とキリギリス」の物語に例えられるように楽をすると最後は没落す
ると教育されてきました。

皇の樂しい、楽なこと

　皇の時代は真逆の楽で樂しいことを美徳とします。忙しく苦労
することが終わり、「アリとキリギリス」のキリギリスとして人々は
栄えます。ロボットが多くの働き・管理を担い、あなたは自分の
才能を生かした魂職に就くので毎日遊んでいるようです。

　先日読んだ漫画にあった内容が今にぴったりでした。会社で
同僚や上司に無理難題を押し付けられ、果てには責任を取らさ
れ自主退職した主人公が、過去の貴族社会に転生し、お茶を
通してコミュニケーションをとり、更にはビジネスを起こすというも
のでした。まさに前者は祖の時代の話で、後者の「大好きなお
茶を通して皆を幸せにできて樂しいし、うれしいです」という主
人公の生きざまは、皇の時代のできごとです。「環境が変わるこ
とであなたが輝き、周りの人を引き上げ、あなたも樂しく幸せに
なる」これが今回お伝えしたいことのひとつです。

8-10　働く

祖　苦労して働くとは

　祖の仕事は苦労して働くので達成した事でも不備が生じ、残
業して再度修正をするということが何度も起きました。苦労すれ
ばするほど評価され、楽な仕事は軽視されたのです。自由労働

が多く、農作業や土木工事、暑いさなかに倒れても仕事を継続
する姿は今では異様です。しかも水を飲むと体に悪いとされ、水
分補給なしに仕事を強要する時代でした。

皇　労趣とは

　皇の仕事は楽してゆっくり働くことです。あくせく働くこともな
く、必死に働くこともなくなります。しいて言えば真夏にクーラー
の 24 時間きいた部屋で執筆し、眠くなれば寝て、好きな時間
に好きな文を書いて『 皇の時代』を完成させる私のような働き方
が増えていきます。

　趣味が仕事になるというのは魂職に関係があります。あなた
の魂の中に封印されてきた記憶、過去の何億年も繰り返しプロ
として活躍してきたことが必ず一つあります。楽しいことを通じて、
魂職を捜しましょう。

8-11　力仕事

祖の人力とは

　祖の時代は、全て人の手で作業がされました。林業は、高い
木に登り斧で枝を落とし、木を倒して運びました。夏は暑い中で
作業をし、冬は寒い中で重いものを運び、長時間同じ仕事を凍
えて耐えながら繰り返してきました。これらを全てロボットがするよ
うになると楽になります。

皇のロボットとは

　祖の時代に人力でしていた作業を、皇に入ってからは次々ロ
ボットがやっています。パソコンが普及して文字を書くのも打つだ

けで済みます。漢字を知らなくても変換され、漢字の意味も横に出ますので選べばいいだけです。今ではマイクで話したことが文字になり、コピペだけで文章が作れます。

　寒い地域には温かい保温機能付きの服が開発され、暑い夏でも涼しい扇風機付きの服が開発されています。もちろん大きな工場はオートメーション化され、人は管理だけをするようになり、高齢者でも働ける環境がきます。植物工場や魚業の養殖などロボットの発展により食糧問題の解決も進んでいます。

　植物工場の話を聞いた時に驚きました。1000坪のビニールハウスでも3人ほどで管理して、24時間体制で土壌から育てる3倍の収穫があるそうです。たった3人で3倍の収穫ならすごいことです。しかも3人という部分が皇の時代ですね。20人とかの大人数ではなく、3のルールに基づいて「1日を3人で管理し、3倍の収穫になる」という数の不思議も加わって驚きました。

8-12　小人・大人

祖の小人とは

　祖の時代は信じて従う時代なので子供の時代です。自分の意見はなく、上から言われたことを淡々とし続けるのが特徴です。

皇の大人とは

　皇の時代は、自立の時代です。全ての人が自立を目指し、自分で判断し大人として成長する時代です。

8-13　発想

祖の宗教的発想とは

　信じて従うという意味です。宗教は経典に従い全員が一致した考え行動を共にしました。これが祖の代表的な発想です。過去には宗教を抜ける事さえ難しく、この傾向は多くの組織に見られました。

皇の科学的発想とは

　自分で真理を追究していくという意味です。むやみに他人を信じるのではなく、自分が信じたものを自分の枠の中で追求します。例え間違っていてもこれも学びなので他人は干渉することは許されません。

8-14　活動

祖の脳で活動するとは

　祖の時代は多くの情報を脳で考え、異常を起こしていました。抱えきれない情報に振り回され苦労を背負い込んでいました。脳に情報を入れ処理速度の速く優秀な人は秀才と言われ、ほめたたえられました。

皇の心で活動するとは

　皇の時代は真逆で情報は最低限自分に必要なものだけであとは心の閃きによって活動します。もちろん他人の考えや行動の真似など絶対にしてはなりません。あくまで他人は参考にして自分

の心に従って行動しましょう。

8-15　外見・中身重視

祖の外見重視とは

　祖の時代は、ルックス重視で美人美男子が権威をふるいました。整形しても美しく外見を整え、高価なブランドで身を固め、高いものを身に着けるほど信用もつきました。逆に外見を気にしないと信用を失い、人格さえ疑われたものです。外見を飾り派手に豪華なほど位が高い時代もありました。

　箱もの重視でハードウェア中心でした。箱ものといえば、ラッピングです。ひとつの文化を作ったほど発展しました。

皇の時代は中身重視とは

　皇の時代は心の時代です。見かけは関係がなく心を見るようになります。高価な服より着易さ機能性が重視され、この傾向はすでにセレブにも起きています。GU・ユニクロを重宝して着こなすセレブが増えています。

　ソフトウェア中心で中の情報が大切です。

8-16　均一的・個性的

祖の均一的とは

　全ての人が一方向、均一的なのがルールでした。100 円均一ショップも流行りました。人と同じで安心する時代でしたから、カリスマ店員と呼ばれる人のセンスをこぞって真似して、同じ洋

服を多くの人が買いあさりました。〇〇均一という値段設定もあり
ました。

皇の個性的とは

　祖の時代に栄華を誇ったブランド品は、どんどん影を落とし
消えていきます。しかし、完全に消えるのではなく皇の時代に起
こるオーダーメイドブランドとして再起は起こるでしょう。メルカリ
などで個人の趣味で服や小物を作り販売するプロが増えてオー
ダーメイドで購入するというスタイルが流行ります。個性重視で作
り手と購入者が直結して話し合い、要望を具体的に形に落とす、
創作の魂職を持つ人が次々に目覚めます。競い合いのない、ク
リエイターが増え、自分ブランドが流行る時代です。

8-17　平和

祖の戦争とは

　祖の時代は、戦争が好きでした。好戦的な人の地位は高く、
平和主義者は軟弱ものと呼ばれ、蔑まれました。トラブルが起こ
ると決闘、勝負、戦いによる解決法を選び、話し合いをしても、
戦国時代など殺し合いになることが少なくありませんでした。戦
争により田畑は荒れ、人手も減りプラスを生むどころか疲弊する
一方でした。

皇の平和とは

　皇の時代はお互いに穏やかでゆっくりと生きる時代です。相手
を重んじて自分の分の中で皆が生活をするので、争いが起こり
ません。平和が当たり前で争いの場が減っていきます。同じもの

を望むことが減り、違う個性で生きるため、欲しいものがかち合い争う必要がなくなります。平和で穏やかで安心して生きる時代です。

8-18　運動

祖の運動推進とは

　祖の時代はアスリートでなくとも運動推進世界で、幼児でさえ習い事によっては大人並みの訓練をしました。200年以上前は、人力が当たり前であえて運動をする必要がないほど重労働でした。現代は運動すると健康になると言われ、こぞって運動をしました。中学・高校の部活は過酷を極め、水を飲む事さえ禁止され、何時間も暑い場所で訓練を繰り返しました。鍛えたほど美しいと競い合うこともありました。

皇の運動とは

　皇の時代は『楽』がテーマです。過酷な運動により必要以上にカロリー消費を起こし食料を求めるという体から、動かず楽に過ごし食事量も少し食べればよい世代へ変化してきています。現代のダイエットは既に運動を伴わず、腸内細菌や栄養素を摂取することで楽に痩せるというものが増えています。皇の子供たちは運動しただけで骨を折る子が相次ぎ体育の時間さえも今後どうなっていくのか話し合いも必要です。

8-19　時間の使い方

祖の忙しいのが好きとは

「 忙しく働き、スケジュール帳がびっしり埋まっていることに幸
福感を感じた」祖の時代を回顧した人が言いました。まさにこれ
の全てが祖です。忙しくお金は貯まらず、時間ばかり消費して自
分の健康も害して働くのが美徳でした。忙しい人はスケジュール
が１分刻みで組み立てられ、飛行機で移動していました。暇が
あると不安になり、何かしらの予定を作るという状況が続きまし
た。

皇の暇な事がいいこととは

うって変わって皇の時間の使い方は暇な事が良い事です。忙し
い人は苦労を背負うので、自分に今すぐ必要のない事は全て切
りましょう。他人がすべきことを奪って忙しくしていたのかもしれま
せんから。のんびり無理せずマイペースで動きます。1/3 を働き
（１０日）1/3 を学び（１０日）1/3（１０日）を楽して樂しく過
ごすのです。

8-20　空気

祖の空気は粗くて濁っている

祖の時代の公害問題は長く空気を汚染し重く濁った空気でし
た。宇由光線が当たらず長く浄化されないのも要因です。

123

皇の空気は細かく澄んでいる

　皇の時代は于由光線が届き空気は粒子が小さくなり自然の力も働きだすので、きれいに澄んでいきます。コロナで人が外出しないだけで空気がきれいになってきました。

8-21　多数決・満場一致

祖の多数決とは

　祖の決め事は、多数決でした。反対者が半分以下ならその人たちの意見は無効となります。多数決に勝つために、時には票を買い集め不正が横行しました。不平等な採決を何度も繰り返しおおよそ庶民の意志は反映されない結果に従いました。

皇の満場一致とは

　皇の時代は波動の合う人としか集団は組めないので、なんでも全員が意見の一致をすることしか実行できません。政治でも反対意見があれば徐々に法案が通らず、国民の総意を大切にする社会へと変わっていきます。全国民の意志が一致する社会があるとしたら、全員が賛成ではなく反対がいないという形になるようです。現在政治に関心がなく投票にいかないのも反対しないという意志であると解釈されます。既に変化は始まっていて、どんなに関心を持ちましょうと宣伝しても改善はされません。これは政治の場の議会の力が、弱まってきた結果です。今後は、誰かが中心に配信し、これに賛同する人が政府を動かし、新しい規約ができるという形へ転換していきます。

8-22　決め事

祖の人工的・縛りありとは

　善悪で判断され、自由はなく法律や規律で縛る社会でした。規律を守ることが善でした。

　例えば、未成年の染髪は体に負担がかかるので染髪禁止・黒髪指定という校則がありました。しかし髪の色素が薄い場合、黒く染めるという本末転倒な事が起きました。学校により個人の権利をはく奪するほどのいきすぎたものもありました。校則だけでなくおかしな規則はたくさんあります。

皇の自然的・自由に判断とは

　縛りや決まりごとはなく、各自の判断にゆだねられ自由に楽を極めていく。自然の軸にそって今ここに心置くことで自分に必要なことはやってくるので楽になっていく。楽なことが成長することでもあり進可が生まれてきた理由です。他人に干渉し、縛ることで退可します。

8-23　主義

祖の回顧主義とは

　「過去を懐かしみ歴史から学ぶ」祖の時代では多くの人が好きな事です。何人か集まると過去の思い出話に花がさき、延々と自分の未来と関係のない話をし続けました。歴史の苦労話が好きなのも特徴で、歴史物語はドラマとなり延々と繰り返され、苦

労から幸せは生まれると刷り込まれています。

　過去をさかのぼりデーターを分析し、未来を予測するのもこれです。目標を設定しそれに向かって努力を繰り返し、目標に到達すると達成感にひたり幸せを感じるという苦労と幸せがワンセットになっています。「人生苦あれば楽がある」というように振幅が大きく浮き沈みも激しいです。

皇の未来主義とは

　皇の時代の感覚はとても鋭く微妙な変化もとらえ、未来を予測します。波動の振幅が小さいので心でしか変化をとらえられません。言を使って全ての生物に通じる言葉（波動）で伝え、心で閃きを受け取ります。見えないものを感じる鋭い感覚のない人は生活することも大変になります。心でみる事が当たり前となりこの感覚が育っていきます。ちなみに心でものを視るのは簡単です。耳を澄まし相手の波動に合わせ感じるとわかってしまいます。この感覚も－おわりに－の中で解説します。

8-24　約束

祖の約束は絶対だったこと

　祖の時代は縛りがあり決めたことは守るというルールがありました。結婚という誓いは生涯かけて守る約束です。破れば命を奪われました。宗教の誓いも人生の宣誓です。契約という約束は、組織の中では生涯を変えるほど強いものです。約束を達成するためにどんな犠牲も払うのが祖のルールです。お金を借りて返せなければ人身売買さえ起きたものでした。このことを考えると皇

の時代では簡単に借金を放棄できるという真逆の事が起きていて驚きです。

皇の約束はしないこと

皇の時代は一日に何度も計画が変わる時代です。波動の時代で波動が変わるたびに状況が変わります。先の約束などできません。または当日変更を繰り返します。これが当たり前になります。

契約書も目標が書かれるだけで条件は箇条書きで、必要に応じて付け加えられます。自分が損をしないようにというたぐいの契約書はなくなっていきます。

約束をしても会えないか、時間変更しただけで怒り出す友人は縁の切れる人です。約束という事柄で友人の今後を考え直しましょう。因みに約束時間に5分遅刻したら、お互い波長が合わないのでサヨナラのしどきです。

8-25　予約

祖の予約制とは

祖の時代はこぞって予約をしました。何日も並んで予約をし、またお金を払って予約をしてもらう人までいました。競争原理がルールでしたから予約は競争であり、予約ができた人は勝者でもありました。予約のための予約券を発行することもあり、現在はスイッチの販売がずっと予約制の抽選です。この商品の困ったところは利益を得ようと転売が流行ったためで、実際は欲しい人が高く買うという苦労を背負うためでもありました。そろそろ皇の時代へ移行しているので収まるでしょう。

皇の予約はしないとは

　皇の時代に入り気づいたことはありませんか。あなたが予約を
しようとしたら、満員だった予約にキャンセルが出てちょうど予約
できたり、自分が行こうとした所は席が空いていたりと、まるで待っ
ていたかのように自然が味方してくれることがありませんか。特に
意識して予約しなくても必要なことは全て決まっていますので、予
約はせずに進めます。この現象は皇の時代の特徴で、まるで目
の前のカーテンがサーッと開くように導かれますから樂しいです。

8-26　　自分のこと

祖の自分の事は後回しとは

　世のため、国のため、他人のためが中心で、自分のために
動くことは自己中心的と揶揄され嫌われたものです。全ては他人
のために自分の人生があり、死さえも戦争時や過労死などは、
自分のためではなかったのです。全世界がこの方向に向いてい
たことを今の皇の時代から考えると凄いことでしたこの傾向のあ
る国家は今後、変貌をどのように遂げるのか気になるところです。

皇の自分中心主義とは

　あなたは自分のことを自分でやり、他人を頼ることなく樂しく好
きな事をした結果、他人も幸せになるという自分中心の考えです。
人の為に助ける事が好きで、自分の生活が崩壊しているケース
がありますが、この場合は何を改善したら劇的に変わるのでしょ
うか。自分の自立に集中せず他人に干渉しているため、祖のルー

ルが働きお金や時間を奪われ心が崩壊するのです。自分の生活
を立て直し、人に干渉するのはビジネスの中で報酬を得る場合
に変換しましょう。自分の見ている方向を変えただけで変わって
しまいます。実行してみましょう。

8-27　職場

祖の同種同士が働くとは

　仕事をするうえで同じような能力、同じような職種の人が集ま
り、競い合って案件を取り合うのが祖のルールでした。秀才は何
種類もの会社を成功させ、富を独り占めしました。自分がしたい
と思う仕事もライバルが多く、能力で判断されず媚を売り上司に
評価されるものが仕事をもらえる社会でした。同じ仕事を何人も
が比較して競い合い、ライバルもいる中で自分の才能を発揮す
ることは不可能でした。

皇の異種同士が働くとは

　皇の時代の特徴は、「能力を発揮して波動の合う人とミッショ
ンやプロジェクトごとに組んで仕事をする」ことです。つまり波動
が合い、自分の分担を競い合うことなく提案と変更を繰り返し、
話し合いでミッションやプロジェクトを成功させるのです。もし、ミッ
ションが成功しないと気づいたらすぐに解散し、別グループで再
結成します。ここでもお互いは異種同士のプロ集団です。異種
同士が働くメリットは、あなた以外はプロではなく、知識の競い
合いがなく素直に意見を聞き、プロジェクトを成功させる点です。
もちろんあなたが解らない部分を補うプロが集まるのでプロジェ

クトは成功します。

　今回、私の出版に当たり集まったメンバーはなぜか出版担当、クリエイターと私の筆者でした。同じような立場の人はおらず、お互いが少しずつ共通の知識を持つので、話もわかり否定的な議論は一切なく、全てイエスと受け入れてくれます。このような集団によるプロジェクトはどんどん増えます。しかも 3 ～ 4 人の集団が多く、増えても 8 人まで、9 人が集まったら分裂するというルールが働きます。

8-28　商売

祖の繁盛するとは
　祖の商売は、忙しくお金を稼ぎ繁盛することが良い事でした。大企業に成長し、何兆ものお金が動きました。これが祖の時代の最終形態でした。

皇の隠栄・おんえいとは
　皇の商売は、ほどほどに働きゆっくりと樂しく過ごすことで進可するので忙しく働くことは退可します。30 日のうち 10 日を他人の為に働き、10 日を世の中のために使い、10 日を自分のために使います。

8-29　結果論・原因論

祖の結果論とは
　結果が全てで原因は他者にあると考えます。全ては他人のせ

いにすることです。祖の時代は皿という入れ物が自分の体でした。入れ物にご先祖さまや神様などの指令が降りてきて行動に至ったのです。ですから、あくまで結果は他人のせいでもありました。これが祖の結果論です。

皇の原因論とは

　原因は全て自分にあると考え、どんな結果も受け止めることです。自分が起こした行動には全て結果が伴います。何一つ動かなくても、動かないという行動に結果は伴います。この結果はあくまで自分が選び、起こしたものなので他人のせいではありません。原因は自分にあるというのが皇の原因論です。

8-30　法律

祖の法律で縛るとは

　祖の法律は、事細かに理解できない膨大な量であり、専門家でさえ全ては把握できていない量です。この法律で国民すべてを縛り管理しています。法律はヨルの時代である暗闇を生きるために世の中のルールとして必要でした。知らない法律が多いのも、人口が多くなり全ての人の縛りを作るために必要だったのです。

皇の法律はゆるくなっていく

　皇の時代は心が育ち、犯罪が減ってきます。すると法律も変化を起こし徐々に緩くなっていきます。縛って管理するものから規範のように超えないようにという程度になっていきます。全ての人が理解できる簡単なものになります。

8-31　常識

祖の常識とは

　常識自身が決まりのあることではなく、各自、各地域で住みやすくするためのきまりです。地域により常識は真逆になることもあり混乱も起こしました。自分の信じていることが常識で、おおよそ説明できる人はいません。縛りの多い人は常識として挙げる項目がとても多いのが特徴です。

皇の常識は消えること

　皇の常識は各自が考え、自分のルールで動くのでほとんどの常識は消えます。波動の合う人との常識は一致していますのでぶつかることはありません。対立自体が皇の時代ではありえないからです。対立は相手の領域に入った時に起こるからです。

8-32　縁順番

祖の大切な順縁について

　祖の時代の順縁は「親」「兄弟姉妹」「親戚」「子供」「夫婦」「友人」「無縁の人」という順番で大切にしていました。当然ですが、自分はありません。

皇は自分が一番なこと

　皇の順縁は「自分」「友人」「子ども」「無縁の人」「親」「親戚」「兄弟姉妹」という順番で大切になります。友人より子どもの方が遠くなります。親や親戚・兄弟は無関係の人たちよりも更

に遠い存在となっていきます。一度家を出ると二度と会う事もなくなるのが家族になり、家族と暮らさない人が増えます。逆に他人と一緒に暮らし、友人同士のコミュニティで老後を迎えるようになります。

8-33　主義

祖の物質主義・太陽信仰とは

　祖の時代は太陽信仰で、太陽の力が強いため脳を使い考える時代です。物質主義社会で物やお金が命よりも一番大切です。物質世界の成長が目的でしたので人間はお金の為に奴隷として働きました。

　例えば火事にあった時に、あれが必要だからと火の中に飛び込み命を落とす人は多くいました。実際に自分の命よりも大切なものがあったのです。秀才が多く、損得勘定で動きました。スイッチは脳にあり考えるほど優秀とされました。

皇の精心世界・于由の時代とは

　皇の時代は于由光線がとどき、心が成長する精心世界です。スイッチは心にあり天才だけになっていきます。命が一番大切で、心が成長し活発になり、つながる方の信号も受けやすくなります。願ったことが実現し、自分に不必要なものは何も動かないと判断してください。必要であれば簡単に動きます。

　すべて来たものは「あ、そう」と受け止め「なぜ」という疑問は持たずに受け流してください。これができるようになると皇の自然の力が働きだします。

第四部　進可・魂職

1　進可の必要性

　人間が生まれてくる最大の理由は、宇宙の存続と関係があります。これは当たり前のことであり驚くことです。

　「あなたの進可が宇宙の発展に関係があります」

　と言われたら、ドキドキしませんか。

　人生の目的宇宙のルールのうちで『人間の人生目的』は3つあります。

　1　絶対的自由

　2　共生

　3　進可（ここから進化を進可と書きます）

　この中から今回は、進可についてお話しします。人間の最終目的は進可をするためです。進可の方法と進可の目的は以下の通りです。

《目的》

　まず、あなたが『龥幸（やくこう）』と言う幸せを得ることによって進可します。次にこれによって宇宙のエネルギー量が増加します。最後に宇宙本体が進可していくと言う構造になっています。人間が進可するとエネルギーの増加とともに自由枠が広がり大きくなります。これは、「自由度が増すと、あなたが出来ることが増えていく」という意味でもあります。

　《図10　宇宙の進可》に示した通り、個人の『龥幸』が宇宙全体の進可と連動しています。あなたの進可は次の段階で『神』の位に上がります。神様の位には何段階もあります。一番下の位の神様は『神』と書きます。

135

《 図 10 宇宙の進可》

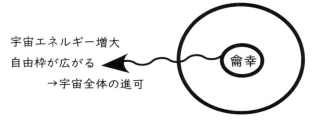

宇宙エネルギー増大
自由枠が広がる
　→宇宙全体の進可

龠幸

　宇宙のルールで唯一上下関係があるのが神様の世界です。この世界では役割がすべて決まっていて、人間のように自分の役割を超えた口出しはしません。人間が次のステップである『神』に上がると動物が人間になります。

　進可の種類には 4 つあります
　1 魂的進可
　2 霊的進可 (れいてきしんか)
　3 象的進可 (しょうてきしんか)
　4 量的進可

2　魂的進可

　人間に進可する前、ウィルスや動物の経験をしてきたあなたは、過去の全ての記憶が、魂に記載されています。この記憶は、肺に書き込まれているといわれ肺炎を起こすと全ての記録が書き換えられるのです。今回のコロナで肺炎にかかった人は、新たな使命がやどり進可のために今までとはまったく違う道に進むかも

しれません。魂の記録が長いほど、進可していき自由枠が大きく広がることを意味します。この進可は、寿命の長さにも関係があります。進可するほどに寿命は長くなり、皇の時代の魂の記憶に刻まれている最長寿命は 200 歳です。祖の時代の最長寿命も 125 歳に決められていました。祖の時代の多くは、平均寿命が 38 年でした。ここ 100 年ほど環境が劇的に変化したので 125 歳という高齢の方も存在しています。

　因みに、人間が進可を続けて 13 億年以上になると、目に見えないことにも関心を持つようになります。更に 18 億年以上になると、目に見えないことにしか関心がなくなります。そして 18 億年経過すると 1 番下の『神』になります。

　よく「目に見えないことは信じない」という人がいますが、この人は 11 億年から 12 億年の生命体なので、知らないことが多いのです。責めないであげてください。今、生まれてきている子供たちは最低でも 13 億年の魂年齢を持っています。ですから大人より実際は 1 億年以上経験豊富な先輩なのです。

　占い師やヒーラーと呼ばれる人の中に「もうすぐ人間が神の役割になります」という人をお見受けします。この方たちは 18 億年以上の魂年齢をもつ神に近い存在です。「とてもよく当たる」とか「なんでもわかる」のは、実際の経験値が 7 〜 8 億年も差があるので当たり前のことです。

3　霊的進可 (れいてきしんか)

霊的進可とは、成長とか進化と呼んでいる進可のことです。

人間の生まれてきた目的の進可です。霊的進可は、あなたの意志、行動、行為など実際の日々の出来事を指します。これらの結果、『楽』か『苦』のどちらかが決まります。

　結果が『楽』なら進可し、『苦』なら退可します。

　皇の時代は、進可と退可の関係も心と関係があります。

　この関係を見てください。

１　自分が樂しく→ 相手も樂しい→ 進可する

２　自分が樂しく→ 相手は普通→ 進可する

３　自分が樂しく→ 相手が苦しい→ 進可が停止

４　自分が普通→ 相手が樂しい→ 進可する

５　自分が普通→ 相手が普通→ 進可停止

６　自分が普通→ 相手が苦しい→ 進可停止

７　自分が苦しい→ 相手が樂しい→ 進可停止

８　自分が苦しい→ 相手が普通→ 退可

９　自分が苦しい→ 相手が苦しい→ 退可

　《図１１　進可と退可》に進可と退可を表しました。この図を見ると、とにかく自分も相手も関わる人１人たりとも苦を伴うのは進可が止まるか退可するのです。皇の時代は絶対的自由のルールが働きますから、気軽な気持ちで相手の感情を無視するのは恐ろしい事です。皇の時代も進んでいけば、波動の合わない人とは会えなくなるので、相手が苦しいという状況はなくなっていきます。

《 図 11　進可と退可》

進可すること
自分樂・相手樂
自分樂・普通
自分普通・相手樂

進可停止すること
自分樂・相手苦
自分普通・相手負担
自分普通・相手苦
自分苦・相手樂

退可すること
自分苦・相手苦
自分苦・相手苦

　自分が普通で相手が樂しいのは進可するのです。これは不思
議ですね。自分は樂しくないのに、相手が樂しいだけですから。
人を樂しませるというのは進可の効果が高いといえます。こういう
仕事についている人はどんどん進可します。ただし、仕事として
樂しませた場合、自分が苦しんだら進可は停止しますので、意
味がありません。あくまで自分が苦しまないで人を樂しませた場
合にのみ進可します。
　霊的進可は判りやすいです。単純・シンプルな方が進可し複
雑なほど退可するからです。今までの祖の時代は、簡単な事を
あえて複雑にし、まとまりかけると壊すという力が働きました。あ
なたにはあえて出来ない仕事または仕事量が課せられました。勉
強も必要以上もの、しなくていい事を要求され、成績が悪いと罵
倒されてきました。そして、多くの人が自分とは関係のない情報

や噂話に夢中になり、自分の幸せとは程遠いことに時間を費やしました。しかしこれからの皇の時代は、自分に関係のない事には参加できません。見ることも知ることもしなくなります。時間という一番大切なものを自分以外のことに費やせなくなるからです。この傾向は、徐々に強く成ります。

4　象徴的進可

　形的進可、環境進可です。2の霊的進可を成し遂げるために環境を進可させて進可です。遺伝子による環境進可で、ウィルスや細菌の力をかります。細菌やウィルスにはすべて役割があり広まっています。コロナウィルスは皇の思考・心を広めるためと聞いています。実際にコロナ禍により皇の時代に起きる宇宙のルールが発動しました。三密・マスク・テレワークがこれです。「無駄なおしゃべりをしない、波動の合わない人には会わない。仕事はつらい通勤や一か所に集まる無駄を減らす」世界中で実践され今後も習慣として残っていくでしょう。ウィルスの力だけでここまでの変化は起こりません。やはり移行期の宇宙のプログラム変更による変化です。この変化をウィルスで起こすのです。

5　量的進可

　体の大きさの進可で、環境的進可です。3、4ともに遺伝子による環境的進可のことで、目的とする霊的進化を達成するためにどのような姿形をするのかはウィルス、細菌を使い進可を起こ

≪図 12 魂的進可度≫　　　　　　　　　　　　　進可

0 → 原生命対 (体)

1 → 神 地球以外の星へ行く

2 　　　造・創・作・働をコントロールする

3

4 → 神

5 → 神 (尊神) 人間がなれる最高の神様

6 　　　人をコントロールする

7 → 神

8 → 人間 18 億年 見えない世界にしか興味がない

9

10 　　　(13 億年 見えない世界に興味がわく)

11 　　　(12 億年 見える世界しか信じない)

12

13 → 人間 8 憶年 食べて寝て物質にしか興味がない

14 → 動物

15 　　　哺乳類

16

17 　　　ウィルス時代にどんな生物になるか選ぶ

18

19 → 動物 昆虫

20 → ウィルス いろいろなものに着いて学ぶ　　　　進可

します。キリンの首が伸びたのはウィルスにより突然変異であると言われています。このようにウィルスにより突然進可して環境に適応する事例もあります。

　神様が動物の形をしているのは、環境に応じているためです。犬神様は犬の形をされています。最近有名な象の神様はガネーシャ様で、とても有名な神様です。環境に合わせて恐竜の形や動物の形をされているようです。これも量的進可の一つです。植物には魂がありませんので進可度というのはありません。

　4つの進可をみて実際に人間が進可する道筋をあげておきます。ウィルスとして派生してから動物へ進可し、人間を経て神へ進可します。最後に神へと進可して原生命対（体）になるのです。これを図にすると次のようになります。

≪図12 魂的進可度≫は、ウィルスから神への進可まで数十憶年あるようです。何度も生まれ変わり学び続けます。

6 魂職につく方法

　皇の時代の大きな変化は、皿（ぺい）の中に入ってあなたをコントロールしていた神様・ご先祖様・鬼・浮遊霊などが全てこの世界から退出され自然界にお休みになったことであなたという器が空っぽになってしまった事です。突然ではないにしても、今まで自分のこだわりだと思っていたことや苦しくとも努力してきたことが全てゼロになったことです。今までの経験はあなたを進可させ皇という新しい時代へ到着しました。これは2500年間たった

一隻の巨大な船に 70 億以上の生命体を押し込んでルールで縛り生きぬいた結果、自由という島にたどり着いた瞬間なのです。

　とまどいしかありません。だからこの本があります。あなたが祖のエネルギーに引き戻されないよう、言葉でつづりました。自分の魂に従って自由に読んでください。

　この魂の記憶こそあなたが自立する仕事であり、楽に樂しく働ける知恵が詰まっています。これは自然が認めた職で自然にたどり着くものです。自分から探すのものではありません。

6-1 好きで楽で樂しい事をする

　「 樂しいことと楽なことが同時にあって、どちらを選んだらよいのだろう」こう悩んだらどちらを選びますか。楽と樂しいことって選びづらいです。両方あればよいのですが、どちらか一方しか選べないのなら、もちろん樂しい方です。あくまで皇の時代は、楽よりも樂しいことを選んで下さす。ただし、好きなことと樂しいことがかち合ったら、好きなことを優先してください。あくまで私的に好きな人が一番です。好きという感情に出会うのは、少ないのです。例えば、好きな人は人生の中で何人いましたか？
3 人という説もあるし 1 人という人もいます。150 年に寿命が延びる皇の時代にたった 3 人ですか。でも、毎年のように心から好きで離れたくない人に出会ったら、恋愛ももっと自由になりますね。でも人生の中で 3 人としか出会わなかったら、数十年に 1 人を全力で愛するという環境になってしまいます。おかしな世界ですね。もちろん趣味も好きなものに出会えない人も多いので、出会ったら全力で追求しましょう。魂職が紛れ込んでいますから、

ご家族や友人が何を言っても手放さずにつかんでください。

6-2 金儲けをしない。 自然が認めるとお金が入る

　魂職は、自然とお金が入ってきます。お金を求める必要がなくなるのでお金儲けはしなくなります。自然は生まれた時にお金を与えてから人間を産み出すそうです。あなたは自然の愛で守られて 80 万 /1 ヶ月を受け取っているようです。ただ、祖の使い方をしているので手元になくなり、更に足りなくなるようです。これは体験しないとわからない部分なのですが、魂職に出会い実際に働き始めると生活に不自由さはなくなります。不自由な限り次のステップには進めません。プライドを捨ててお金を手放しましょう。必ず転機は訪れます。

6-3 全てが自分のため、 自分に必要な事と思う

　嫌なことが毎日起こります。「嫌がらせだ！」と毎日叫んでいます。これが当たり前なのです。まだ移行期なのですから。ただ、嫌だと考える限りこの苦しさは終わりません。どこかで自分に必要だから起きたのだ。ありがとうと終わらせることが大切です。

6-4 他人の為になり樂しめるもの断られたら離れる

　他人で楽しむ人がいますが、皇の時代になると他人で遊ぶ時代は終わります。あくまで他人の為になることを考えましょう。自分一人が樂しいのではダメですという意味です。ただし、相手を想ってすることも断られたらさっさと離れましょう。相手が望まなければお節介になり、それを咎めれば縛りとなります。これは祖の

関係なので魂職から離れてしまいます。

6-5 他人の真似をしない、他人を頼らない

　他人の真似をする仕事は祖のものです。ヒット商品の真似をして新商品を出すのは時代遅れです。あくまで個性の時代ですから自分のオリジナルを発表しましょう。魂職であれば次々ファンが付きます。他人を頼った仕事もお終いになります。例えば、大手ブランドを頼るとか、自分の能力でないことをするのは祖の仕事です。苦労を引き寄せますので終わりにしましょう。気を使うのは自分のためです。自分が嫌な思いをしたくなくてする気づかいは終わりになります。皇の時代は波動の合う人としか関われませんから、気を使う必要もありません。

6-6 自分の身の回りと家の中をきれいにする

　部屋の掃除と断捨離をしましょう。身なりも簡素でも清潔感は大切です。自分の個性を大切にしましょう。服は将来オーダーメイドが主流になります。家の掃除は清掃業者が安価になります。家事も含めて楽になりますので、不要なものものは断捨離しましょう。スマホの中身も断捨離するとよい運が入ってきます。

6-7　自然を大切にするもの

　自然を傷つけるような仕事は減っていきます。タンカーが事故にあい海に重油がながれ、多くの生き物が今も被害にあっています。こういう出来事が続くと世間からも重油を使った製品に疑問が上がります。もう祖の時代の化石燃料は減っていき、皇の時

代では消滅します。

　今はまだ魂職につける人は少ないので、自分のためであり他人が喜び、お互いがフェアな関係でつなぎの仕事を探してください。つなぎの仕事を選ぶ際の大切にする点をあげておきます。

《 一番大切にすること》
　・シンプルにこの職にたどり着いたのか
　・一回で職に受かったのか
　・誰かの引きでついた職か
　・自分が楽にできる仕事か
　・興味がわいたか
　・簡単にできるのか
　シンプルにたどり着く仕事とは、ある日進められて面接に行ったら一回で就職できたとか。自分から進んで調べて面接に行くのではなく、友人に紹介されるとか。実際に職に着いたら思ったより自分にとって居心地がよかったり、周りの仲間が優しかったりどんどん良い事が前からやってきます。やればやるほど興味を感じることもよいですね。自分を大切にすることが他人も大切にします。ここをしっかと心に刻み日々を過ごしてください。

- コラム -
幸せの道
自分の事だけ考えればいい
これはとても難しいことです

家族がいて仲間がいて仕事仲間がいて
友人や地域の活動まで手を出していたら
とても自分の事だけは考えられません
人だけではなくお金の事、子供の成長、会社のこと
コロナ禍のこと、習慣の変化に自分の魂職

正直言って今この瞬間にこの本を読んでいる人で
頭の中が空っぽですと言えるのは私だけでしょう
いろいろな事で心がいっぱいなのは当たり前な事です
更に 7 京年の公転周期なんて言われても
　「もうわからない」と思う事も当たり前です

では、私があなたに魔法をかけます
今日から少しずつ変化するように…
あなたが心を空っぽにできる瞬間が持てますように
あなたが皇の力をこの本から受け取りますように
あなたの未来が祖の時代を卒業しお金に振り回されることなく
楽に樂しく幸せを実感できる心へと進可するように

　･ﾟ ･:..♡ 。..:*･(*ﾟ∇ﾟ*)/･*:..♡ 。.　　はい！

　　～～～～♡～～～～♡♡♡～～～～

147

索引

《あ》

《か》

おわりに

　この本を書くにあたり、ご協力くださいました皆様へ心より感謝申し上げます。

　また、本を手に取り読んでくださいました皆様へお礼申し上げます。ありがとうございました。

　なにより、日々Facebook(お友達32.000人以上)で記事を読みYouTubeで動画を視聴してくださる世界中の皆様、私一人ではここまでたどり着くことはできませんでした。皆様の毎日下さるコメントと見てくださる足跡が、勇気をくださいました。本当に世界各国の言葉で応援してくださる温かい心に必ず報いたいと思います。

　今はまだFacebook　4記事/1日、動画1本/1日これを課して実行しているにすぎません。内容すべてを翻訳はできません。この本は日本へ向けたメッセージです。しかし、英語をはじめ多言語で小冊子から発行しようと思います

　「世界を救えるのか」日々思います。苦しむ声を一人でも減らしたい、これが私の日課です。

　日本の皆さん、あなたはとても幸せな環境です。この本の内容が簡単に理解できるのですから。海外の方から言葉が解らないとコメントを頂きます。英語にしてもタイ語にしてもここまでの内容は伝わりません。思想や文化が違うからです。ですからこの本を読み多国語を扱えるなら私と一緒に翻訳しましょう。

　私の魂職は皆さんに伝える事ですから。

　それと、最後にあなたの疑問にひとつだけ答えましょう。初めに書いた事とは別の事を考えてください。いいですか？

その答えは NO です。

　今は祖のエネルギーが噴き出ています。この状態で真っ先に
考える事は、祖の考えです。あなたは今までに考えたことのない、
知らない未来をつかみます。今考えられる程度の事はもう終わり
にしましょう。だから NO です。

　私は果たせない夢を持っています。全世界の人の幸せです。
日々、子供らが生まれています。この子たちの未来までは生きて
いられませんしね。でも、私の後を継ぐ子は現れるでしょう。ここ
までが私の役目です。未来にある日まで、私は配信し続けましょ
う。あなた方が、苦しみを終わらせ幸せをつかむまで。

　ここでお約束の心を合わせて理解する方法を簡単に上げます
祖の時代の霊能や霊感が自分に憑いた神様・ご先祖様・鬼な
どと交信ができ、言葉を交わすことができる特別な人でした。し
かし、皇の感じる閃きとは違います。自分を苦労させるために憑
いた方からの交信ではなく、自分を成長させるための「皇の神様」
からの交信です。この交信は誰でも簡単にできます。特別な能
力はいりません。心を落ち着けて知りたいことに波動を合わせ、
ゆっくりと質問をします。初めのうちは祖のエネルギーも残ってい
るのでうそを教えてくる方に惑わされます。しかし、皇の神様はと
にかくせっかちです一瞬答えを降ろすと、さっといなくなります。
　逆に祖のエネルギーはダラダラと続きます。つまり降りるもの
に迷いが生じるほど時間のかかるものを信じてはいけません。フッ
と考えた答えが瞬時にわかったら、正解です。あとは信じて実行

してください。もし違っていたら神様への質問の仕方が違ったのです。もっとわかりやすい言葉で(想いで)質問しましょう。初めのうちはひらがなで質問は書きだしましょう。理由は、言葉の意味と発音は必ずしも一緒とは限りません。以前、泊まりたいと願ったら電車が止まったことがありました。2日間も続けて目の前の電車が事故で止まりました。これはお願いの仕方が間違っていたのですが、最も困るケースです。ひらがなで書いて切るところを間違えていないのかも観察しましょう。

　今回は難しいお話ばかりでした。このシリーズはずっとこのパターンで続きます。なんとか面白い要素をいれたいなと考えているので、楽しみに待っていてください。
　最後に、この本を完成させるために集まったチームの方を紹介します。(敬称略)
　　本全般　　　　栗田　誠一
　　表紙デザイン　　吉田　修
　　表紙写真　　　　松尾　昭子
　いつも落ち込むと支えてくださりありがとうございました。

2020 年 8 月吉日

著者

春名　律子　（ はるな　りつこ ）

東京都出身　皇の時代の配信者

2004 年セミナー参加開始・2013 年しあわせ村理事就任

FACEBOOK&YOUTUBE 皇の時代の思考を毎日配信中

皇の時代　I

2020 年 9 月 11 日　第 1 刷発行

著者――――春名　律子

発行――――しあわせ村事務局

〒 340-0028　　埼玉県草加市谷塚 1-29-3

　　　　　　☎　048-929-7501

発売――――コスモ 21

〒 171-0021　　東京都豊島区西池袋 2-39-6 鶴見ビル 8F

　　　　　　☎　03-3988-3911
　　　　　　FAX 03-3988-7062
　　　　　　URL http://www.cos21.com/

印刷・製本――株式会社エーヴィスシステムズ

ISBN978-4-87795-391-1　C0030

天繩文理論
これから 2500 年続く 皇の時代

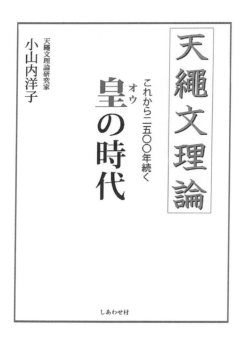

天繩文理論研究家
小山内洋子

天繩文理論

これから二五〇〇年続く
皇（オウ）の時代

しあわせ村

好評発売中

【新装版】
大転換期の後 皇の時代

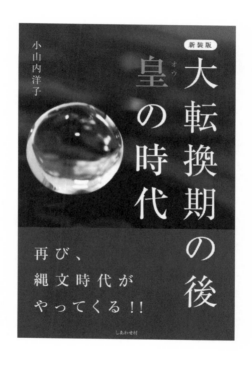